fir+iaw

Forschung für die Praxis · Band 42

**Berichte aus dem
Forschungsinstitut für Rationalisierung (FIR)
und dem Lehrstuhl und Institut
für Arbeitswissenschaft (IAW)
der Rheinisch-Westfällschen
Technischen Hochschule Aachen**

**Herausgeber:
Univ.-Prof. em. Dr.-Ing. R. Hackstein**

V. Hornung

Aufgabenangemessenes Design flexibler Software

Mit 33 Abbildungen und 11 Tabellen

Springer-Verlag
Berlin Heidelberg New York
London Paris Tokyo
Hong Kong Barcelona
Budapest

Dipl.-Ing., Dipl.-Wirt.-Ing. Volker Hornung

Oberingenieur des Lehrstuhls und Instituts für Arbeitswissenschaft der Rheinisch-Westfälischen Technischen Hochschule Aachen

Univ.-Prof. em. Dr.-Ing. Rolf Hackstein

Bis zu seiner Emeritierung am 30.6.90 Inhaber des Lehrstuhls und Direktor des Instituts für Arbeitswissenschaft, Direktor des Forschungsinstituts für Rationalisierung an der Rheinisch-Westfälischen Technischen Hochschule Aachen

D 82 (Diss. TH Aachen)

Ein arbeitswissenschaftlich begründetes Verfahren zur Gestaltung technisch-betriebsorganisatorischer Software für Unternehmen des Maschinenbaus

ISBN-13: 978-3-540-54182-0   e-ISBN-13: 978-3-642-84541-3
DOI: 10.1007/ 978-3-642-84541-3

Die Wiedergabe von Gebrauchsnamen, Handelsnamen, Warenbezeichnungen usw in diesem Werk berechtigt auch ohne besondere Kennzeichnung nicht zu der Annahme, daß solche Namen im Sinne der Warenzeichen- und Markenschutz-Gesetzgebung als frei zu betrachten wären und daher von jedermann benutzt werden durften.

Sollte in diesem Werk direkt oder indirekt auf Gesetze, Vorschriften oder Richtlinien (z B. DIN, VDI, VDE) Bezug genommen oder aus ihnen zitiert worden sein, so kann der Verlag keine Gewahr fur Richtigkeit, Vollständigkeit oder Aktualitat ubernehmen Es empfiehlt sich, gegebenenfalls fur die eigenen Arbeiten die vollständigen Vorschriften oder Richtlinien in der jeweils gültigen Fassung hinzuzuziehen.

Gesamtherstellung:
Becker-Kuns · Druck + Verlag GmbH · Peliserkerstr 86 · 5100 Aachen · Tel 0241 / 153767
2160 / 3020-543210

Die Mechanisierung und Automatisierung der industrielle Produktion hat in den vergangenen Jahren weiter ständig zugenommen. Begriffe wie "Flexible Fertigungssysteme", "Robotereinsatz" oder "CNC-Maschinen" sind einige Deskriptoren dieser Entwicklung. Mit steigender Komplexität der eingesetzten Anlagen, Maschinen und Verfahren erhöhen sich auch die Anforderungen an die Organisation des Zusammenwirkens von Mensch, Betriebsmittel und Material. Die Beherrschung und Verbesserung dieser Ablauforganisation wird mehr und mehr zum entscheidenden Faktor für einen erfolgreichen Einsatz moderner Produktionstechnologien.

Die Ablauforganisation in der Fabrik der Zukunft wird vom Einsatz der Informationstechnik geprägt sein. Einen der Anwendungsschwerpunkte der Informationstechnik in der Ablauforganisation von Produktionsbetrieben bildet der Einsatz von Informationssystemen für die Planung und Steuerung von Produktionsabläufen einschließlich des Transports und der Lagerung.

Der Erfolg solcher Informationssysteme ist in besonderem Maße davon abhängig, wie gut es gelingt, bei der Entwicklung und beim Einsatz der Systeme gleichermaßen sowohl die technisch-organisatorischen als auch die humanen (arbeitswissenschaftlichen) Aspekte zu berücksichtigen. Während sich die technologische Entwicklung nämlich auf dem Hardware-Sektor äußerst rasant vollzieht, ist zu beobachten, daß zwischen der durch die Hardware gebotenen Moglichkeiten und der durch entsprechende Methoden und Programme (Software) realisierte Anwendungen eine immer größere Lücke entsteht, die als "Software-Lücke" bezeichnet wird.

Erfolge beim betrieblichen Einsatz können weiterhin aber auch nur dann erreicht werden, wenn der Mensch die oben genannten Informationssysteme akzeptiert. Das aber gelingt nur, wenn der Mensch die sich ergebenden Veränderungen positiv bewältigen kann. Da bisher zu wenig Beweglichkeit, Einfallsreichtum und Flexibilität bei der Entwicklung neuer Bedingungen für die Gestaltung der Arbeitszeit, des Arbeitsplatzes, des Arbeitskräfteeinsatzes, der Arbeitsorganisation und ähnlichem festzustellen ist, zeigt sich hier eine zweite, immer größer werdende Lücke, die vielfach als "Akzeptanz-

Lücke" bezeichnet wird und die in ihren negativen Auswirkungen der "Software-Lücke" sicherlich nicht nachsteht.

Darüber hinaus ist es heute im Hinblick auf die Wirtschaftlichkeit von Neuen Technologien noch allzu häufig üblich, daß man unter der Forderung nach "geringeren Kosten" vorzugsweise "geringere Personalkosten" und unter "höherer Leistung" vorzugsweise "höhere menschliche Anstrengung" versteht. Es erhebt sich aber vor dem Hintergrund der Massenarbeitslosigkeit die Frage, inwieweit man heute Neue Technologien als Ersatz für Alte Technologien vorzugsweise durch Reduzierung der Personalkosten anstreben muß und ob man höhere Leistung vorzugsweise nur durch Erhöhung der menschlichen Anstrengung erreichen kann.

Industrielle Führungskräfte sollten hingegen wissen, daß gerade die mit dem Begriff des Computers verbundenen Neuen Technologien so gestaltbar sind, daß dem Menschen nicht höhere Anstrengung zugemutet wird, sondern daß der Computer die Arbeit des Menschen so unterstützen kann, daß das Leistungsergebnis - und darauf kommt es ja schließlich an - verbessert wird. Es ist folglich zu prüfen, welche der Neuen Technologien geeignet sind, sowohl die Wirtschaftlichkeit zu steigern, als auch den Personalfreisetzungseffekt zu vermeiden.

Die Arbeiten der beiden bis 1990 vom Herausgeber geleiteten Institute, des Forschungsinstituts für Rationalisierung (FIR) in Aachen und des Lehrstuhls und Instituts für Arbeitswissenschaft der RWTH Aachen (IAW), sind vor diesem Hintergrund darauf gerichtet, Beiträge zur Schließung der aufgezeigten Lücken und zur Realisierung der genannten Forderungen zu leisten. Zur Umsetzung gewonnener Erkenntnisse wird die Schriftenreihe "FIR-IAW-Forschung für die Praxis" herausgegeben. Der vorliegende Band setzt diese Reihe fort. Die bisher erschienenen Titel sind am Schluß dieses Bandes aufgeführt.

Dem Verfasser danke ich für die geleistete Arbeit, dem Verlag für die Aufnahme dieser Schriftenreihe in sein Programm und allen anderen Beteiligten für ihren Beitrag zum Gelingen des Bandes.

Abkürzungsverzeichnis

Abs.	Absatz
ACM	Association for Computing Machinery
AE	Arbeitseinheit
AET	Arbeitswissenschaftliches Verfahren zur Tätigkeits-analyse
AET-DTV	Anforderungsermittlung für Tätigkeiten der Daten- und Textverarbeitung
Anm.	Anmerkung
ANOVA	Analysis of Variance
ANSI	American National Standard Institute
Art.	Artikel
ATAA	Analyse von Tätigkeitsstrukturen und prospektive Arbeitsgestaltung bei Automatisierung
AuT	Arbeit und Technik
AV	abhängige Variable
AWF	Ausschuß für wirtschaftliche Fertigung e. V.
BMFT	Bundesminister für Forschung und Technologie
CAD	Computer Aided Design
CAE	Computer Aided Engineering
CAM	Computer Aided Manufacturing
CASE	Computer Aided Software Engineering
CCT	Cognitive Complexity Theory
CIM	Computer Integrated Manufacturing
CLG	Command Language Grammar
CNC	Computer Numeric Control
CODASYL-DBTG	Conference on Data Systems Languages-Data Base Task Group
DR-GEM	Digital Research-General Environment Manager
EDV	Elektronische Datenverarbeitung
EGA	Enhanced Graphic Adapter
EMS	Expanded Memory System
ER	Entity-Relationship
e. a.	et alii
e. V.	eingetragener Verein
FAA	Fragebogen zur Arbeitsanalyse

FIR	Forschungsinstitut für Rationalisierung
GDM	General Designed Model
GEM	Graphics Environment Manager
GEM-AES	Application Environment System
GOMS	Goals, Operators, Methods, Selection Rules
GTM	Generalised Task Model
HAA	Heterarchische Aufgabenanalyse
HdA	Humanisierung des Arbeitslebens
HRT	Handlungsregulationstheorie
IAW	Lehrstuhl und Institut für Arbeitswissenschaft
IAW-VDI	Virtual Device Interface des IAW
i. d. R.	in der Regel
I/O	Input/Output
i. S.	im Sinne
KABA	Kontrastive Aufgabenanalyse
KSA	Kommunikationsstrukturanalyse
LKW	Programmname
MANOVA	Multivariate Analysis of Variance
MCK	Mensch-Computer-Kommunikation
MENÜ	Programmname
MS-DOS	Microsoft-Disk Operation System
o. V.	ohne Verfasser
PAD	Preliminary Analysis for Design
REFA	Verband für Arbeitsstudien und Betriebsorganisation e.V.
RFA-Netz	Rollen-Funktions-Aktionsnetz
RHIA	Verfahren zur Ermittlung von Regulationshindernissen
ROB	Programmname
SAA	Subjektive Arbeitsanalyse
SADT	Structured Analysis and Design Technique
STEPS	Softwaretechnik für evolutionäre partizipative Systemgestaltung
TAG	Task Action Grammar
TBS-GA	Tätigkeitsbewertungssystem-Geistige Arbeit
TIBB	Technische Innovation und Berufliche Bildung
VDI	Verein Deutscher Ingenieure, Virtual Device Interface

VERA	Verfahren zur Ermittlung von Regulationserfordernissen in der Arbeitstätigkeit
Verf.	Verfasser
Vp(n)	Versuchsperson(en)
ZEIS	Programmname
z. T.	zum Teil
z. Zt.	zur Zeit

1   Einleitung

Die Steigerung der technischen Leistungsfähigkeit von Rechnersystemen hat zu einer weiten Verbreitung insbesondere von arbeitsplatzbezogenen Geräten in Form von Terminals, Personal Computern und Workstations geführt (vgl. O. V. 87, S. 25).

Dabei erbrachten oft bereits die Automatisierung bzw. Beschleunigung von bestimmten einfachen Teiltätigkeiten aus Arbeitsaufgaben wirtschaftliche Verbesserungen. Gleichzeitig wurde die rechnergestützte Ausführung bestimmter komplexer Tätigkeiten (z. B. Technische Konstruktion, Textverarbeitung) zum ersten Male auf breiter Ebene wirtschaftlich sinnvoll. Im Vordergrund stand jeweils die technisch bedingte quantitative oder qualitative Leistungssteigerung bei Teiltätigkeiten oder die technische Realisierbarkeit von Unterstützungsfunktionen für Tätigkeiten.

Jedoch wurde die Bestimmung von technischen Unterstützungsfunktionen aus der Optimierung der Wirtschaftlichkeit jeweils des gesamten betroffenen Arbeitssystems, insbesondere durch Abstimmung (vgl. HACKSTEIN U. A. 47, S. CCS-HA-16) der arbeitswissenschaftlichen Gestaltungsdimensionen Organisation, Qualifikation und Arbeitsmittel aufgrund der genannten direkt sichtbaren wirtschaftlichen Vorteile bestimmter technischer Anwendungen zunächst vernachlässigt. Selbst die Forschung zur Software-Ergonomie konzentrierte sich bis vor wenigen Jahren (vgl. BULLINGER U. A. 12, S. 69-79; HACKER 39, S. 31-54) auf die Vereinfachung der Bedienbarkeit von Rechnersystemen.

Mittlerweile liegen Erfahrungen aus Untersuchungen und Projekten zur Arbeitsgestaltung vor, die humane und zusätzliche wirtschaftliche Vorteile einer integrierten arbeitsorganisatorischen Vorgehensweise ausweisen, wenngleich die dort eingesetzten Verfahren noch nicht ausreichend entwickelt und ausgereift sind. Der dabei zumeist verfolgte, auf den selbstbestimmt handelnden Menschen ausgerichtete theoretische Ansatz ermöglicht einerseits ein theoriegeleitetes Vorgehen bei der Gestaltung von Arbeitssystemen, andererseits eine ausgewogene Abstimmung komplementärer bzw. konkurrierender Teilziele aus Organisation, Qualifikation und Technik.

Grundlegende Arbeiten zu einer Handlungstheorie und zur Evaluation von Gestaltungsmaßnahmen liegen seit einiger Zeit vor (vgl. HACKER 36; VOLPERT 117, S. 21-46), jüngere Arbeiten beziehen bereits vorhandene empirische Ergebnisse aus Labor und Praxis ein (vgl. HETTINGER U. A. 55, S. 106-111). Ein wesentlicher Befund hierbei liegt darin, daß die zur Verfügung stehende theoretische Basis in ihrer Breite noch nicht ausreicht, eine geschlossene Erklärung menschlichen Handelns in den verschiedensten konkreten Arbeitssystemen zu geben, und in ihrer Tiefe eine Konkretisierung und Operationalisierung für die Gestaltung heutiger und zukünftiger Arbeitssysteme in vielen Fällen noch aussteht (vgl. BULLINGER U. A. 12, S. 69-79).

Aktuelle Untersuchungen dringen daher in spezielle Arbeitsgebiete vor und sollen durch Labor- und Feldversuche zur Stützung, Erweiterung oder auch Änderung der theoretischen Grundlagen führen sowie praktisch einsetzbare Gestaltungsverfahren und -instrumente erbringen (vgl. BULLINGER U. A. 12, S. 69-79).

Die große Bedeutung der leistungsfähigen Rechnersysteme bei der Arbeitsgestaltung liegt in deren möglichen Auswirkungen auf das Handeln und die persönliche Entwicklung des Menschen begründet. Sie bieten durch ihr integratives Potential u. a. die Chance zu vollständigen und abwechslungsreichen Tätigkeiten, bergen aber durch ihre scheinbare Intelligenz auch z. B. die Gefahr des Verbleibs monotoner Resttätigkeiten des Menschen durch Übernahme bisher dem Menschen vorbehaltener Denkvorgänge unter Verzicht auf dessen Kreativitäts- und Problemlösepotential.

War geistige Arbeit in der Vergangenheit dem Menschen vorbehalten und beschränkte sich das Problem der Verteilung geistiger Arbeit auf die Verteilung zwischen Menschen mit allen interindividuellen Möglichkeiten von Kooperation und Kommunikation, so findet mittlerweile die Verteilung auch auf Rechnersysteme statt, verbunden mit starken Restriktionen auf bestimmte Kommunikationskanäle und -formen. Damit erfolgt gleichzeitig eine arbeitsorganisatorische Festlegung und – aufgrund der i. d. R. geringen Flexibilität spezieller EDV-Funktionen und dem mit ihrer Änderung verbundenen hohen Aufwand – eine Verfestigung der Arbeitsteilung (vgl. KÖHL 72, S. 68).

Daneben entsteht Qualifizierungsbedarf, der zum einen nicht mehr durch Kommunikation bei zwischenmenschlicher Arbeitsteilung verringert oder gedeckt werden kann und zum anderen neben den inhaltlichen Funktionsaspekten zusätzlich das Erlernen der Kommunikation mit einem informationstechnischen System umfaßt (vgl. EVERSHEIM U. A. 21, S. 13-19). Ein Qualifizierungsabgleich, wie er bei menschlichen Kooperationsformen möglich ist, beschränkt sich beim Umgang mit informationstechnischen Systemen in der Regel auf eine Verschiebung von Aufgaben an den Menschen, wenn das informationstechnische System nicht in der Lage ist, bestimmte Funktionen wahrzunehmen oder der Nutzer zunächst nicht in der Lage ist, sich der Funktionen zu bedienen. Eine arbeitsorganisatorische und qualifikatorische Bedingungen vernachlässigende technische

Systemauslegung kann somit eine starre und falsche Arbeitsteilung ohne qualifikatorische Spielräume bewirken und zu einer inadäquaten Systemnutzung und trotz einer beschleunigten Durchführung von Teiltätigkeiten zu einem suboptimalen Arbeitssystem führen.

Damit stellt sich die Aufgabenteilung zwischen Mensch und Rechner aus der Sicht der durch ein Arbeitssystem zu erfüllenden Gesamtaufgabe und die hieraus abzuleitende Gestaltung des Rechnersystems als ein Schwerpunkt integrativer theoretisch begründeter Arbeitsgestaltung heraus. Diese Sichtweise korrespondiert mit der von Hacker (vgl. HACKER 39, S. 31-54), der sie schon aus rein anthropozentrischen Gründen fordert, aber ebenfalls eine Komplementarität wirtschaftlicher und humaner Ziele bei adäquat theoriegeleiteter Vorgehensweise sieht, und ist strenger auf die Gesamtaufgabe gerichtet als die von Streitz (vgl. STREITZ 106, S. 3), der sich zwar ebenfalls auf Hacker bezieht, aber im Rahmen der Software-Ergonomie Fragen der Gestaltung technisch unterstützter Arbeitstätigkeiten lediglich zusätzlich zur eigentlichen Schnittstellengestaltung einbeziehen will.

Wird nun Softwaregestaltung als Arbeitsgestaltung betrachtet (vgl. HACKER 39), so spielen Bezüge zu arbeitsorganisatorischen (vgl. HORNUNG, HEEG 63; S. 96-110; HORNUNG, HEEG 64, S. 512-520; LICHTENBERG U. A. 76) und qualifikatorischen (vgl. HORNUNG 59, S. 40-42) Gestaltungsmaßnahmen eine wesentliche Rolle. Aus ihnen werden Teilziele, Mindestanforderungen und Rahmenbedingungen für die Softwaregestaltung abzuleiten sein.

Aus industrieller Sicht hat die Verfügbarkeit leistungsfähiger Rechnersysteme zu starken Produkt- und Prozeßinnovationen geführt, obwohl die eingesetzte Software in der Regel nicht unter dem Gesichtspunkt einer ganzheitlichen Arbeitsgestaltung entwickelt wurde.

Unter Prozeßinnovation sind hier nicht nur technische Prozesse, sondern auch alle organisatorischen Prozesse der betrieblichen Leistungserstellung zu verstehen. Ein starkes Augenmerk liegt heute auf Strategien zur Integration der vielfältigen Planungs-, Gestaltungs- und Steuerungsaufgaben bei betrieblichen Innovationen mit integriertem Rechnereinsatz (Prozeßinnovationen), die als CIM-Strategien (vgl. AWF 8) oder Verfahren zur Entwicklung von CIM-Komponenten bezeichnet werden.

Strategien zur Generierung von Produktinnovationen finden hingegen wenig Niederschlag. Gründe hierfür können in schwer faßbaren Gestaltungs- und Kreativitätsfreiräumen, die zu schaffen sind, und der hohen Unsicherheit bezüglich positiver Ergebnisse gesehen werden (vgl. KÖHL, ESSER 73, S. 51-55; ESSER, KEMMNER 20, S. 34-40). Ansätze sind zu finden in den lokalen Technologiezentren, den Innovationszentren von

Großunternehmen sowie beim Einsatz von Kreativitätstechniken bei bislang konventionellen Entwurfsverfahren.

Bringen innovative Prozesse und Produkte auch direkt wirksame wirtschaftliche Vorteile, so sind sie aus den erwähnten Gründen kein Garant für optimierte Arbeitssysteme. Es werden vielmehr erweiterte Innovationsstrategien erforderlich, die eine Gestaltung neuer Produkte und Prozesse auch aus organisatorischer und qualifikatorischer Sicht verfahrensmäßig und instrumentell fördern.

Entsprechende Verfahren und Instrumente zur Gestaltung technisch-betriebsorganisatorischer Software stellen somit einen wesentlichen Bestandteil erweiterter Innovationsstrategien zur Realisierung abgestimmter technischer, organisatorischer und qualifikatorischer Ziele in zugleich wirtschaftlichen und humanen Arbeitssystemen dar.

Die vorliegende Arbeit stellt, ausgehend vom Stand der Forschung und aufbauend auf den notwendigen arbeitswissenschaftlichen und technischen Grundlagen in den Kapiteln 2 und 3, ein Verfahren zur Gestaltung technisch-betriebsorganisatorischer Software vor, das insbesondere auf die Anforderungen des Maschinenbaus mit seinen komplexen Wirkungsbeziehungen und seinem zugleich gegenständlichen Wirkungsfeld ausgelegt ist (Kap. 4 und 5). Es wird darüberhinaus ein problemorientiertes Entwicklungswerkzeug beschrieben, das eine zügige Realisation des Software-Entwurfs unterstützt (Kap 5.4). Anhand eines umfangreichen Versuchs wird schließlich in Kapitel 6 der Einsatz des Software-Gestaltungsverfahrens demonstriert und dessen Eignung zur Schaffung zugleich humaner und wirtschaftlicher Arbeitsmittel überprüft.

2 Die Bedeutung des Softwareentwurfs für die Arbeitsgestaltung

2.1 Prinzipien der Arbeitsgestaltung

„Bei der Gestaltung von Arbeitsbedingungen gilt es, eine Arbeitsaufgabe, die zu ihrer Bewältigung einzusetzenden Mittel, die Arbeitsumgebung und die Arbeitsorganisation so zu gestalten, daß die Arbeit primär ausführbar ist, auch über längere Zeiträume nicht zu gesundheitlichen Schäden führt, darüber hinaus ohne Beeinträchtigungen bewältigt werden kann und möglichst zur Persönlichkeitsbildung in positiver Weise beiträgt (siehe HACKSTEIN, GRAP 45)."

Während über lange Zeiträume Taylors Vorstellungen des „Scientific Management" (TAYLOR 108) bei der Arbeitsgestaltung handlungsleitend waren, setzen sich in der neueren Zeit Ansätze durch, die seit den 70er Jahren unter der Überschrift „Humanisierung der Arbeit" zusammengefaßt werden.

Die modernen Verfahren zur Arbeitsstrukturierung orientieren sich an Zielkatalogen, die unter anderem in die folgenden Gruppen gegliedert werden können:
- Einsicht in Zusammenhänge,
- Autonomie,
- Identität der Person,
- Qualifikation und
- soziale Integration (vgl. NEUBERGER 84, S. 70 und S. 75).

Wenn es die wirtschaftliche Entwicklung „mit sich gebracht hat, daß alte Tugenden wie Gehorsam, Pünktlichkeit, Ausdauer, Sauberkeit, Gewissenhaftigkeit im Laufe der Zeit ... erweitert wurden durch Anforderungen wie Initiative, Kreativität, Mitdenken, Kooperationsbereitschaft, Selbständigkeit, Urteilsfähigkeit usw., dann liegt es auf der Hand, daß diese neuen Qualifikationen durch die Produktionsbedingungen ... (nicht nur gefordert werden dürfen, sondern: Anmerkung des Verf.) gleichzeitig auch durch deren Gestaltung die Voraussetzung geschaffen werden muß für die verläßliche Entwicklung solcher Merkmale (siehe NEUBERGER 84, S. 74)."

Sie fördern das Erreichen der heute neben der Effizienz bedeutsamen wirtschaftlichen Ziele Flexibilität, Zuverlässigkeit, Qualität und Innovationsfähigkeit. In der Folge müssen

Arbeitsgestaltungsmaßnahmen darauf ausgerichtet sein, Arbeitssysteme zu schaffen, die eine Realisation dieses Zielbündels gestatten.

2.2 Softwaregestaltung und Arbeitsgestaltung

Obwohl eine neue Softwareimplementation keine unmittelbar erkennbaren Folgen für die Ausstattung eines Arbeitssystems haben muß, stellt sie eine neue Ausrichtung eines universellen technischen Systems auf eine spezifisch neue Funktionsweise dar. Unabhängig von der Aus- beziehungsweise Umgestaltung der materiellen Arbeitsumgebung stellt eine Softwareimplementation somit die Einführung einer neuen Technik dar. Bei der Einführung neuer Techniken lassen sich in der Praxis vorwiegend drei Sichtweisen identifizieren: eine technikorientierte, eine organisationsorientierte und eine aufgabenorientierte (vgl. WELTZ, LULLIES 123).

Bei einer technikorientierten Auffassung werden Veränderungsnotwendigkeiten vor allem dann gesehen, wenn technische Möglichkeiten nicht genutzt beziehungsweise nicht verfügbar sind. Es wird eine möglichst hohe Automatisierung angestrebt.

Die organisationsorientierte Betrachtung greift vor allem bei geringer Transparenz der Abläufe und Steuerungsdefiziten ein. Hier wird primär ein hohes Maß an Ordnung angestrebt.

Bei der aufgabenorientierten Sichtweise werden Umgestaltungen dann gefordert, wenn Arbeiten umständlich, aufwendig oder doppelt erledigt werden, beziehungsweise wenn die Arbeit unnötig reglementiert ist.

Aus unterschiedlichen empirischen Untersuchungen sind von Frese (vgl. FRESE, BRODBECK 23, S. 14-18) die folgenden Tendenzen bei der organisatorischen Abwicklung der Einführung neuer Techniken abgeleitet worden.

1. Neue Techniken werden in den meisten Fällen in der Art eines evolutionären Prozesses eingeführt. Das bedeutet, daß zu jedem Zeitpunkt immer nur geringe Veränderungen stattfinden (vgl. PORNFRETT U. A. 89, S. 847-854).

2. Die insgesamt auftretenden Veränderungen sind verhältnismäßig gering. Die Gründe liegen im bereits genannten evolutionären Einführungsprozeß und der in Deutschland üblichen Vorgehensweise, vorhandene Mitarbeiter zu qualifizieren und weiterzubeschäftigen (vgl. AGERVOLD 6, S. 143-153; FRESE, ZAPF 24, S. 134-142; KLING 71, S. 61-110).

3. Tendenzen zu einer verstärkten Taylorisierung konnten auf der Angestelltenebene (vgl. BUCHANAN, BODY 11, S. 1-11; ELLIS 18, S. 221-223; HOOS 56, S. 102-

112; HOOS 57, S. 69-77; IACANO, KLING 66, S. 53-75; MOWSHOWITZ 80; RÖDIGER 95, S. 445-464; SAUTER E. A. 99, S. 284-294; SCHARDT, KNEPEL 100, S. 125-158; SYDOW E. A. 107, S. 215-223) und sogar auf der Managementebene beobachtet werden (vgl. BJÖRN-ANDERSEN U. A. 10). Insbesondere im Versicherungsbereich sind allerdings auch gegenläufige Tendenzen zu Arbeitsbereicherung und Arbeitserweiterung dokumentiert (vgl. GOTTSCHALL U. A. 29). Erklärt werden diese Beobachtungen über die aus der für die untersuchten Unternehmen jeweils spezifischen Marktsituation abgeleiteten Ziele, die bei schrumpfenden Märkten teilweise einfache, schnell erreichbare Rationalisierungsziele sind (keine Arbeitserweiterung etc.) oder bei positiver Marktentwicklung zum Beispiel eine Verbesserung des Serviceangebotes darstellen und damit zu tendenziell höher qualifizierten Arbeitsplätzen führen (vgl. GOTTSCHALL U. A. 29).

4.   Jede Technikeinführung und die damit verbundene Umstrukturierung bewirkt eine Verschiebung des Machtgefüges. Neben der Orientierung an Unternehmungs- und nicht notwendigerweise damit übereinstimmenden Abteilungszielen werden also Technologieentscheidungen durch Machtinteressen determiniert. Über dem Sachaspekt hinaus gibt es also immer auch einen Machtaspekt (vgl. KLING 71; HEEG, HURTZ 53, S. 884ff).

5.   Bei der EDV-Einführung spielt der Machtaspekt insbesondere bei der Entscheidung Zentralisierung versus Dezentralisierung eine entscheidende Rolle (vgl. SPINAS 105, S. 503-516; REICHWALD 93, S. 22-46).

6.   Besonders in der Bundesrepublik Deutschland verbreitete Befürchtungen, die EDV könnte zu besonders subtiler Überwachung der Mitarbeiter mißbraucht werden, nehmen in neuerer Zeit anscheinend ab (vgl. FRESE, BRODBECK 23, S. 17f.).

Die obigen Ausführungen machen vor allem deutlich, daß die Auffassung eines technologischen Determinismus nicht zutrifft. Insbesondere die Punkte 3. und 4. zeigen, daß Technik gestaltbar ist und daß über Technikgestaltung auch Arbeitsgestaltung erfolgt. In der prinzipiell hohen Flexibilität der EDV-Technik (Universalrechner) wird oftmals sogar die Chance gesehen, zu neuen, humaneren Arbeitsstrukturen zu gelangen (vgl. ULICH 111, S. 53-65). Wie die obigen Ausführungen jedoch ebenfalls deutlich machen, liegt kein Automatismus vor, der die Wahrnehmung der Gestaltungschance im Sinne zeitgemäßer Gestaltungsziele garantiert. Es ist vielmehr erforderlich, Technik, Organisation und Arbeitsplätze bewußt nach den gewünschten Zielen auszurichten. Dies erfordert sowohl eine präventive als auch eine prospektive Arbeitsgestaltung (vgl. ULICH 114, S. 50; s. Kap. 3.2).

Bei der Gestaltung EDV-gestützter Arbeitssysteme ist sowohl Hardware als auch Software zu entwickeln beziehungsweise einzuführen. Hierbei ist die Ergonomie der Hardware ein wesentlicher Faktor für die Art des Arbeitsplatzes, die Software jedoch bestimmend für die Arbeitsabläufe und die Arbeitsinhalte.

Software muß daher nicht nur im Dialog ergonomischen Erfordernissen genügen, sondern darüber hinaus auch an den Zielen der Arbeitsgestaltung orientiert ausgelegt, also gemäß einer aufgabenorientierten Sichtweise entwickelt und implementiert werden.

2.3 Grundlagen der Softwarenutzung und -erstellung

Wesentliche Eigenschaften von Software ergeben sich sowohl aus ihrer Nützlichkeit als auch ihrer Benutzbarkeit. Die Nützlichkeit kann sich in der quantitativen oder in der qualitativen Veränderung des Arbeitsergebnisses durch den Softwareeinsatz zeigen. Insgesamt wird die Nützlichkeit in der Wirtschaftlichkeit des Softwareeinsatzes erkennbar. Auf diese hat allerdings auch die Benutzbarkeit einen deutlichen Einfluß, da sie ausschlaggebend dafür ist, inwieweit die Funktionalität der Software tatsächlich eingesetzt wird (die folgenden Ausführungen orientieren sich an: GRAP 31 und HORNUNG 61, S. 37-67).

Ein wesentliches Problem bei der Softwaregestaltung ist, daß Systemnutzer und Systemdesigner unterschiedliche Vorstellungen von den zu bewältigenden Arbeiten haben (vgl. Abb.1). Beide benutzen mentale Modelle, in denen ihre Auffassungen von ihren Aufgaben abgebildet sind. Eine vorlaufende, zwischen Nutzer und Softwaredesigner konzertierte und sowohl wirtschaftlichen als auch humanen Kriterien gerechtwerdende Aufgabengestaltung liegt in der Regel nicht vor. Der Softwaredesigner hat ein Modell sowohl von seiner Software (Designermodell $C(t)$) als auch von dem Modell des zukünftigen Nutzers ($C(m(t))$). Beide Modelle sind mitunter recht oberflächlich oder gar falsch (z.B. keine direkte Entsprechung von Unteraufgaben und EDV-Funktionen).

Der Nutzer hat wiederum ein eigenes individuelles Handlungsraumkonzept zu seiner Arbeitsaufgabe, die nun mit Hilfe des Systems gelöst werden soll. Auf der Basis dieses Handlungsraumkonzeptes entwickelt der Nutzer a priori eigene Vorstellungen davon, ein eigenes mentales Modell ($M(t)$) also, wie das System beschaffen sein sollte. Bei der Interaktion mit dem System ($S(t)$)- genauer: mit dessen Nutzeroberfläche - wird nun auch der Versuch unternommen, das Designermodell zu ergründen. Dieser Versuch wird im

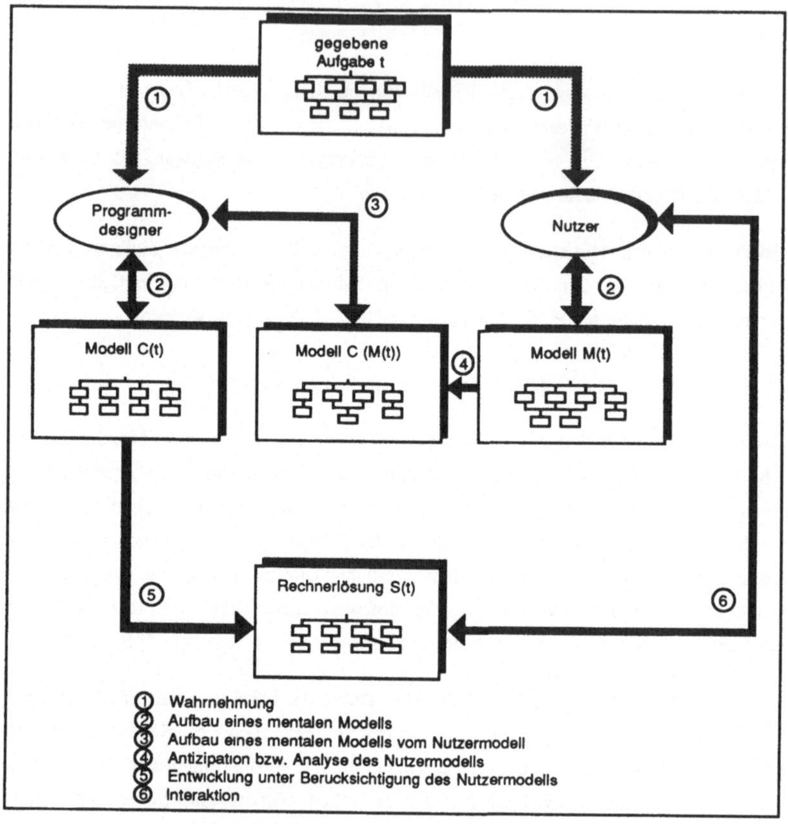

Abb. 1:   Unterschiedliche Modellvorstellungen von Nutzer und Programmdesigner bei einer gegebenen Aufgabe (vgl. HEEG 49, S. 92)

wesentlichen erleichtert durch das Ausmaß der Übereinstimmung zwischen den Modellen und der Exaktheit und Bestimmtheit des Designermodells.

Das generelle Problem beim Softwaredesign liegt also darin, daß der Softwareentwickler und zunächst der Softwarebesteller und später -nutzer an unterschiedlichen Aufgaben arbeiten. Während für den Softwaredesigner die technische Optimierung seines Produktes im Vordergrund steht, spielt diese für den Nutzer in der Regel die geringste Rolle. Für ihn steht das Problem seiner Aufgabenbewältigung im Vordergrund, die über den „Umweg" der Systemnutzung bewältigt werden soll.

Nach Frese (vgl. FRESE, BRODBECK 23, S. 101 ff.) bestehen zwischen der Arbeitsaufgabe, dem EDV-System und dem Nutzer jeweils Interaktionsbeziehungen: zwischen

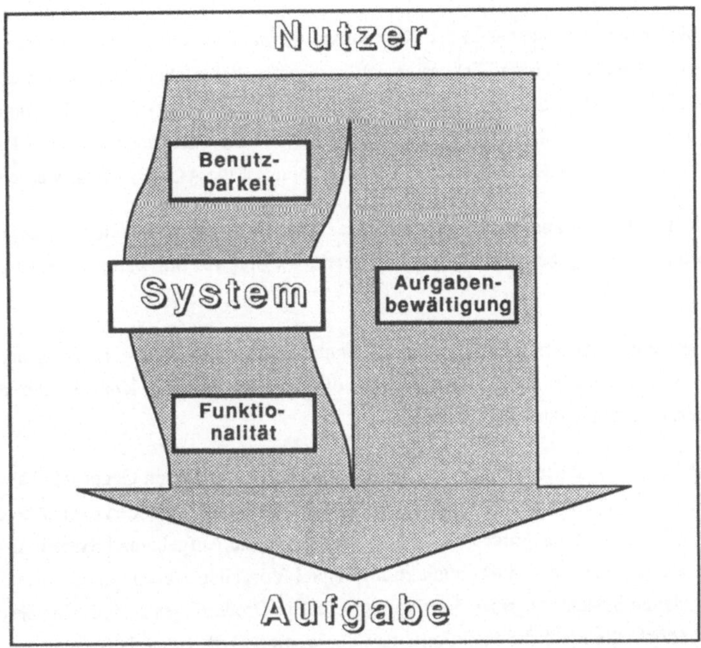

Abb. 2:   Zusammenhang von Benutzbarkeit, Funktionalität und Aufgabenbewältigung

Nutzer und Aufgabe die der Aufgabenbewältigung, zwischen Nutzer und System die der Benutzbarkeit und zwischen System und Aufgabe die der Funktionalität. Abbildung 2 verdeutlicht diesen Zusammenhang.

Für die Funktionalität eines EDV-Systems sind, unter unterschiedlichen temporären Dimensionen betrachtet, zwei Kriterien ausschlaggebend. Kurzfristig gilt die Forderung, daß die Software die real gegebene aktuelle Arbeitsaufgabe tatsächlich hinreichend genau abbildet, sie nicht entstellt oder gar kompliziert. Langfristig ist die Gestaltbarkeit des Systems durch den Nutzer selbst bedeutsam, so daß es durch ihn an die sich ändernden Anforderungen angepaßt werden kann.

Funktionalität und Benutzbarkeit sind somit wesentlich für die Beurteilung eines EDV-Systems, da sie die Einsatzfähigkeit des Systems bestimmen. Der Nutzer selbst sollte also einen gewissen Einfluß auf die Funktionalität der Software haben.

Die Benutzbarkeit bildet auch den Kernpunkt innerhalb der softwareergonomischen Diskussion. Die Breite dieser Diskussion soll in dieser Arbeit nicht dargestellt werden. Eine gute Einführung in die Thematik geben Balzert (vgl. BALZERT 9) und Bullinger (vgl. BULLINGER U. A. 12, S. 17-30). Der aktuelle Stand der Forschung kann mit Hilfe der Bände zur Software-Ergonomie des German Chapter of the ACM[1] verfolgt werden.

Im folgenden soll aus den eingangs aufgezeigten Gründen ein aus der Perspektive der Arbeits- und Aufgabengestaltung resultierender Zugang zur Softwaregestaltung gewählt werden.

Die genannten Kriterien Funktionalität, Benutzbarkeit und Aufgabenbewältigung lassen sich in einem ersten Schritt jeweils durch die Begriffe Passung, Konrollierbarkeit und Fehlerbehandlung näher beschreiben.

Die Passung zwischen System und Aufgabe ist bereits seit Jahren Gegenstand auch wissenschaftlicher Arbeiten. Es liegt daher ein beträchtliches Methodenarsenal bereit, mit dessen Hilfe etwa die Anforderungen der beiden Punkte Aufgabe und System diagnostiziert werden können und das auch zum Beispiel Vorgehensweisen zu einem möglichst paßgenauen Systemdesign zur Verfügung stellt. Ein Großteil dieser Methoden beschränkt sich jedoch allein auf die Funktionalität. Nur wenige Methoden erheben darüber hinaus den Anspruch, neben der Funktionalität auch die Passung der Benutzbarkeit des Systems sicherzustellen.[2]

Der Grund hierfür ist auch darin zu sehen, daß die zweite Aufgabe, die Passung von Nutzer und System, nie vollständig gelöst sein kann, da selbst eine einzelne Person ihre Verhaltensweisen und Vorstellungen in der Regel öfter verändert. Unter zeitlichen Gesichtspunkten ist auch die Passung von System und Aufgabe fraglich, da die Aufgabe sich gewöhnlich weiterentwickelt und verändert, wodurch die Passung abnimmt (vgl. Abb.3).

Als Lösung für diesen Problemkreis stellt die Kontrollierbarkeit einen Lösungsansatz dar. Je besser die Möglichkeiten des Nutzers, in die Dialoggestaltung und die Systemleistung

---

[1] Vgl.: Software-Ergonomie 1985, 1987, 1989.
[2] Vgl.: auch die Ausführungen in Kap. 3

einzugreifen, sind, desto besser sind die Möglichkeiten, Defizite in den Passungen zu kor-
rigieren.

Mit dem dritten Kriterium der Fehlerbehandlung wird ein Bezug zum betrieblichen Alltag
hergestellt, in dem die Computernutzung, selbst durch Geübtere, durch häufige Fehler
gekennzeichnet ist.

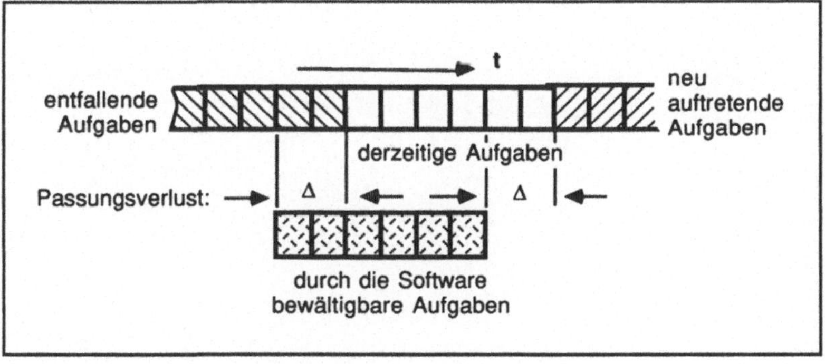

Abb 3: Problem des Passungsverlustes

2.4 Konsequenzen für den Softwareentwicklungsprozeß

Die vorangegangenen Ausführungen machen die Aufgabenorientierung als wesentliche
Grundlage für den Softwareerstellungsprozeß deutlich. Es wird darüber hinaus erkennbar, daß die Nutzung einer Software im Rahmen eines Arbeitssystems wiederum selbst
zur Aufgabe wird.

Die weiteren Ausführungen gehen von der Annahme aus, daß die eingesetzten Formen der
Organisation eines Softwareprojektes sowie die Verfahren zur Aufgabenanalyse und zum
Softwareentwurf zu jeweils spezifisch gestalteten rechnergestützten Arbeitssystemen
führen. Diese Annahme soll in den folgenden theoretischen Ausführungen belegt werden.
Weiterhin wird über die hier vorliegende phänomenologische Problembeschreibung hinaus ein Bezugssystem geschaffen, das es erlaubt, Anforderungen an Software theoriege-
leitet zu operationalisieren und in ein arbeitswissenschaftlich begründetes Entwurfsverfahren zu überführen. Dabei wird z. T. auf arbeitspsychologische Ansätze zurückgegrif-

fen, die einen Beitrag zum Ausbau des arbeitswissenschaftlichen Instrumentariums liefern (vgl. LUCZAK E. A. 78) und die sich bereits bei der arbeitswissenschaftlichen Gestaltung rechnerunterstützter Arbeit bewährt haben (vgl. HACKSTEIN U. A. 47, S. CC5-HA-51). Eine weiterführende theoretische Diskussion von arbeitspsychologischen Grundlagen wird nicht vorgenommen.

3 Aufgabenbezogene Arbeitsgestaltung

Technisch-betriebsorganisatorische Arbeitssysteme und die darin zur Anwendung kommenden Arbeitsmittel stehen gerade im Zeichen fortschreitender Entwicklungen der Informationstechnologien im Mittelpunkt vielschichtiger Veränderungen. In verschiedenen Teildisziplinen der Arbeitswissenschaft wird über praxisorientierte Handlungsanweisungen und Leitfäden nachgedacht, die den mit technischen oder organisatorischen Gestaltungsaufgaben betrauten Personen Hinweise auf „aufgabengerechte" Systeme bieten können, die zugleich „nutzergerecht" ausgelegt sind (vgl. HEEG 51; LUCZAK E. A. 78).

Daß „ohne Aufgabenanalyse keine aufgabengerechten Systeme" realisierbar sind, belegt der gleichnamige Aufsatzabschnitt von Hacker e. a. (siehe HACKER E. A. 41, S. 89).

Unter Aufgabenanalyse soll hierbei die objektive Identifizierung und Beschreibung der die Aufgabe realisierenden Handlungen verstanden werden.

Eine Arbeitsaufgabe wird nach REFA als „Aufforderung an Menschen (definiert; Anm. des Verf.), Tätigkeiten auszuüben, die der Zielerreichung dienen. Sie kennzeichnen den Zweck des Arbeitssystems" (siehe: REFA 92, S. 95). Das Arbeitssystem wird nach REFA wiederum durch diesen zentralen Bestandteil definiert: „Arbeitssysteme dienen der Erfüllung von Arbeitsaufgaben; hierbei wirken Menschen und Betriebsmittel mit der Eingabe unter Umwelteinflüssen zusammen" (siehe REFA 92, S. 94; HACKSTEIN 44, S. 5; HACKSTEIN 43).

Die Arbeitsaufgabe bildet hiermit die wesentliche Schnittstelle aller am Arbeitssystem beteiligten Einflußgrößen und verdient besondere Beachtung im Gestaltungsprozeß. Je nach Sichtweise des Gestalters werden jedoch unterschiedliche Faktoren der Arbeitsaufgabe im Gestaltungsprozeß berücksichtigt.

Die Suche nach einem „aufgabengerechten" System wird durch zwei wesentliche Schwerpunkte gekennzeichnet. Zum einen benötigt der Entwickler eines technisch-organisatorischen Systems ein nachvollziehbares Vorgehensmodell, zum anderen muß er ein Konzept der zu gestaltenden Aufgabe haben und er muß Klarheit über das grundsätzliche Gestaltungsanliegen sowie über Evaluationskriterien zur Beurteilung der gefundenen Lösung(en) haben. Fragen zur Vorgehensweise bei der Gestaltung von Arbeitssystemen in Zusammenhang mit der Einführung oder Gestaltung neuer Technologien werden oft

einseitig unter dem Gesichtspunkt technischer Verbesserungen oder traditioneller Rationalisierungsziele betrachtet. Ein vergleichsweise fortgeschrittener Weg wird in verschiedenen arbeitswissenschaftlich begleiteten Projekten eingeschlagen, in denen mit Hilfe
arbeitswissenschaftlicher Ist-Analysen vorgefundene Arbeitssysteme detailliert
beschrieben werden (vgl. HORNUNG 60, S. 68). Entsprechend den Zielen des Gestal-
tungsprojektes werden entweder Alternativen (z. B. Organisationsvarianten) entworfen
und bewertet oder andere Gestaltungsverfahren (z. B. bei der Software-Gestaltung)
verfolgt, die systematisch zu einem anzustrebenden Soll-Konzept führen.

Neben einer phasenorientierten Projektplanung des Gesamtvorhabens (s. Abb. 4) ist in
der konkreten Arbeitsgestaltung eine kontinuierliche Vorgehensweise denkbar, die bereits
im Verlauf des Gestaltungsprozesses geeignete Kriterien zur Anwendung bringt, um eine
zielgerichtete Bewertung der einzelnen Arbeitsschritte zu ermöglichen. Dies kommt z. B.
im Verfahren des Prototypings (vgl. HEEG, NEUSER 54, S. 13ff.) bei der Gestaltung von
Software zur Anwendung.

Beide Konzepte werden je nach Eignung in Forschungsprojekten des Lehrstuhls und
Instituts für Arbeitswissenschaft (IAW) der RWTH Aachen eingesetzt. So wurden z. B.

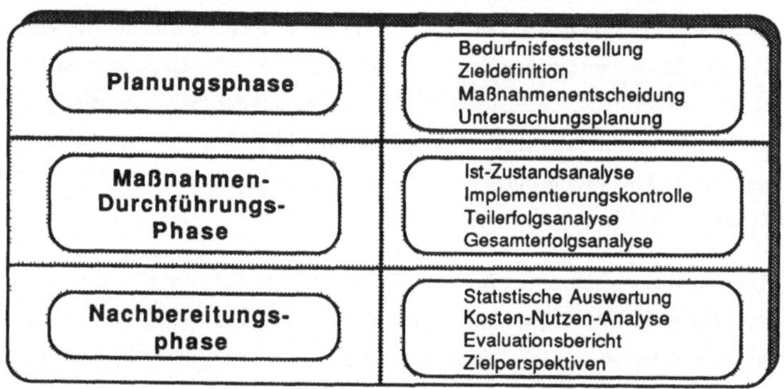

Abb. 4:   Phasenkonzept (nach NACHREINER 82, S. 360-427)

in einem HdA-Projekt „Modellhafte menschengerechte Gestaltung eines integrierten
Informationssystems für ein Unternehmen der Automobilzulieferindustrie" (vgl.
HORNUNG U. A. 65) im Rahmen eines Phasenkonzeptes nach der Ist-Zustandsanalyse
alternative Lösungsansätze entwickelt und bewertet. Ein Sollkonzept als
Planungsgrundlage für die Realisierungsphase dieses Vorhabens wurde darauf aufbauend

erstellt. Eine kontinuierliche Vorgehensweise unter aktiver Nutzerbeteiligung wurde für das Projekt „Technisch-organisatorische Gestaltung der Arbeit durch Einsatz eines integrierten Büroinformationssystems im Verbund mit Groß-EDV" gewählt (vgl. LICHTENBERG U. A. 76, S. 68).

Bewertungskriterien, die eine Entscheidung für eine spezifische Gestaltungsalternative begründen können, hängen eng mit den im betrieblichen Entscheidungsprozeß vereinbarten Gestaltungszielen zusammen. In der Debatte um die „Humanisierung der Arbeitswelt" wurde bisher ein recht umfangreicher Katalog solcher Kriterien diskutiert (vgl. DUNCKEL 17, S. 69-79). Die Definition eines "aufgabengerechten" Systems kann einerseits strikt daran orientiert sein, ob ein spezifisches System X unter gegebenen technischen und ökonomischen Restriktionen die Bearbeitung einer Arbeitsaufgabe Y überhaupt funktionell gestattet oder andererseits, ob dieses System zusätzlich einen nutzergerechten und als ganzes wirtschaftlichen Bearbeitungsvorgang erlaubt. Die Bewertung des ersten der beiden Gestaltungsaspekte ist mit gängigen Verfahren noch relativ einfach vorzunehmen. Bei Vorliegen des beabsichtigten Arbeitsergebnisses genügen technische und monetär quantifizierbare wirtschaftliche Analysen des Systems mit spezifischen, erprobten Instrumentarien, um den Erfolg der entsprechenden technischen Lösung zu belegen. Im zweiten Fall sieht sich der Arbeitsgestalter, neben zusätzlichen Analyseinhalten und erheblichen Definitionsschwierigkeiten dieser Inhalte, auch Fragen der Wahl eines adäquaten Analyse- und Gestaltungsverfahrens ausgesetzt.

Ein weiteres Problemfeld in bezug auf die Bewertungskriterien findet sich in den erwähnten technischen und ökonomischen Restriktionen bei der Gestaltung von Arbeitssystemen. Sogenannte Sachzwänge werden als Entscheidungskriterien geltend gemacht. Es wird auf fehlende Gestaltungsspielräume hingewiesen und die Praxisferne aufwendiger Analysemethoden beklagt. Verschiedene HdA-Projekte des BMFT haben jedoch gezeigt, daß dies als verkürzte Sichtweise bezeichnet werden kann (vgl. FRIELING, SONNTAG 25, S. 80ff.; HEEG 51, S. 9).

„Gerade die neueren Technologien machen deutlich, daß für den Technikeinsatz und die Gestaltung von Arbeitsabläufen Spielraum bleibt oder sogar neue Spielräume entstehen. [...] Vorfindbare Alternativen des Einsatzes interaktiver Computersysteme zeigen aber, daß bei erweiterten Zielsetzungen z. T. gänzlich andersartige Arbeitssysteme entstehen können (siehe ULICH U. A. 115, S. 127)."

Neben pragmatischen Anforderungen, die meist den Ausgangspunkt gestalterischer Aktivitäten bilden, spielen theoretische Überlegungen, die den angestrebten Gestaltungszielen zugrunde liegen, eine große Rolle. Im ungünstigen Fall gehen ausschließlich implizite Arbeits- und Persönlichkeitstheorien in die Maßnahmenformulierungen mit ein. Dies haben historische Entwicklungen (vgl. TAYLOR 108) z. T. mit fatalen Folgen auch noch für heutige Entwicklungen deutlich gezeigt. Vor dem Hintergrund veränderter gesellschaftlicher und qualifikatorischer Bedingungen wurden bereits frühzeitig Gegenpositionen entwickelt, die sich z. B. in der Forderung äußern, „daß dem Arbeiter die Gestaltung seiner Arbeit, die Wahl der Arbeitsmittel und Arbeitsmethoden in möglichst hohem Grade selbst überlassen bleiben soll, und daß dieses Prinzip nur aufgrund streng begründeter wirtschaftlicher Erwägungen durchbrochen werden soll" (siehe LIPMANN 77, S. 53).

Die heutige wissenschaftliche Auseinandersetzung mit der systematischen Gestaltung von Arbeitssystemen findet ihren Niederschlag in theoretischen Konzepten, die diese ersten Forderungen fortführen. Maßgeblich kann hier die Handlungsregulationstheorie (HRT) genannt werden, die im deutschsprachigen Raum insbesondere mit den Namen Hacker (vgl. HACKER 36) und Volpert (vgl. VOLPERT 119, S. 1-42) verbunden ist. Mit dem Gestaltungsziel der „Persönlichkeitsförderlichkeit" und dessen vorteilhafte Auswirkungen sowohl auf den einzelnen Menschen als auch auf dessen betrieblich realisierte Kompetenz bei der Arbeit, das an höchster Stelle der Zielhierarchie (vgl. HACKER 36, S. 29) anzusiedeln ist, wird die Aufmerksamkeit des Arbeitsgestalters wieder verstärkt auf die Berücksichtigung der Verknüpfung von humanen mit wirtschaftlichen (z. B. Effizienz) Aspekten gelenkt.

Aufgrund der Bedeutung dieses Konzepts für die Ausrichtung von Gestaltungsmaßnahmen und demnach auch für den Einsatz entsprechender Analyseverfahren wird in Kap. 3.3 die Frage nach Konsequenzen des Gestaltungsziels „Persönlichkeitsförderlichkeit" und dessen Interpretation innerhalb eines konkreten Realitätsraums detailliert abgehandelt.

Eine theoretische Fundierung des gestalterischen Vorgehens bietet eine Reihe von Vorteilen. Sowohl für die Analyse eines Arbeitssystems und die Umsetzung entsprechender Maßnahmen können einheitliche Kriterien benannt werden, die während des gesamten Gestaltungsprozesses im Rahmen bestehender Methoden und Meßmodelle überprüfbar sind. So erfordert das Globalziel der Persönlichkeitsförderlichkeit natürlich eingehende Anstrengungen, handhabbare Operationalisierungen zu entwickeln. Mit dem theoretischen Modell der psychischen Regulation menschlichen Handelns und damit auch des Arbeitshandelns (vgl. HACKER 38, S. 86ff.) steht ein Ansatz zur Verfügung, der solche Operationalisierungen abzuleiten hilft, die die Grundlage der Aufgaben- und Arbeitsmittelgestaltung bilden (s. Abb. 5).

Innerhalb dieses theoretischen Gebäudes gelingt es zudem, ein fundiertes Tätigkeitskonzept (und damit Aufgabenmodell) zu entwickeln. Dieses Konzept „macht die Hauptmerkmale menschlicher Arbeitstätigkeiten zu den Gestaltungsgrundlagen.

Innerhalb dieses theoretischen Gebäudes gelingt es zudem, ein fundiertes Tätigkeitskonzept (und damit Aufgabenmodell) zu entwickeln. Dieses Konzept „macht die Hauptmerkmale menschlicher Arbeitstätigkeiten zu den Gestaltungsgrundlagen. Das sind ihre Ausrichtung auf die vom Arbeitenden als Ziel übernommene Aufgabe („concept-driven-

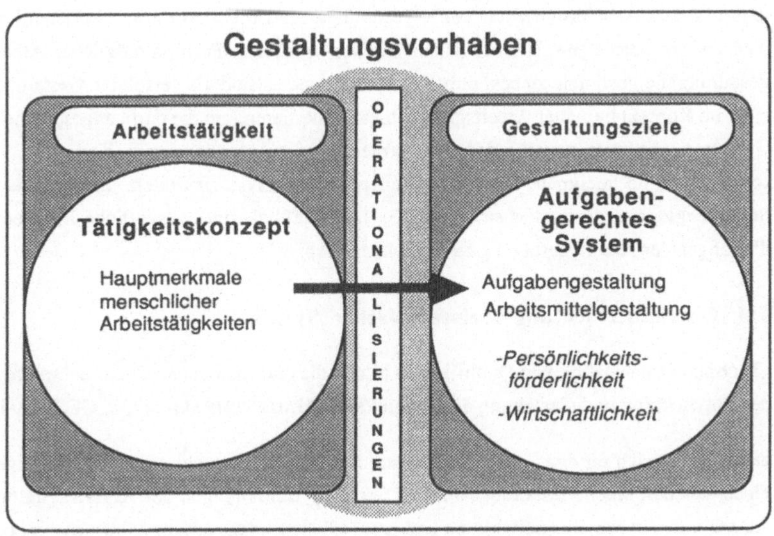

Abb. 5:   Tätigkeitskonzept und seine Einbettung in einem Gestaltungsvorhaben

user"), das Aufstellen von Plänen zur Zielerreichung, der hierarchische Aufbau von Arbeitstätigkeiten, ihre aufgaben- und bedingungsbezogene Flexibilität und ihre individuelle Modifikation im Falle von Freiheitsgraden" (siehe HACKER 39, S. 33). Eine Definition eines „aufgabengerechten" Systems, das sich „persönlichkeitsförderlich" handhaben läßt, ist somit möglich.

Im folgenden sollen die Möglichkeiten und Probleme der an „erweiterten Zielsetzungen" (vgl. ULICH U. A. 115, S. 127) orientierten Gestaltungen von rechnergestützten Arbeitssystemen, um das Konzept eines arbeitswissenschaftlich begründeten Softwareentwurfs ableiten zu können, beschrieben werden. Dieses Vorgehen stützt Hacker (siehe HACKER 39, S. 31-54) mit der Aussage: „Das Gestalten von Anwendersoftware ist ein abhängiger Bestandteil des Gestaltens rechnergestützter geistiger Arbeit" (siehe HACKER 39, S. 31). Und folgerichtig gilt, daß „Gestaltungsziele und Bewertungsmaßstäbe für die Arbeit insgesamt, nicht nur für Schnittstellen, erforderlich (sind)" (siehe HACKER 39, S. 34).

Zunächst ist daher ein übergreifender Systementwurf (Kap. 3.1) zu begründen, da Teillösungen die bereits angesprochenen Gestaltungsspielräume nur unzureichend ausschöpfen. Technik, Organisation und die personenzentrierte Dimension der Qualifikation sowie Arbeitssicherheit und - gesundheit sind innerhalb eines ganzheitlichen Ansatzes zu betrachten. Hierfür ist aus den verschiedenen Formen möglicher Arbeitsgestaltung die geeignete zu bestimmen (Kap. 3.2) und es sind die verfolgten Gestaltungsziele im Kontext humaner Arbeitsgestaltung zu diskutieren, um die darin angesprochenen Gestaltungsgegenstände für den Softwareentwurf zu identifizieren (Kap. 3.3). Anschließend sind geeignete Verfahren der Aufgabenanalyse zu finden, die gestaltungsprozeßbegleitend einsetzbar sind (Kap. 3.4). Schließlich sind wesentliche Rahmenbedingungen der Arbeitsgestaltung zu betrachten (Kap. 3.5).

3.1 Gesamtbetrachtung soziotechnischer Systeme

„Technik, Organisation und Qualifikation bilden die entscheidenden Faktoren im Prozeß der Entwicklung und Gestaltung der Arbeit"(siehe HACKSTEIN U.A. 47, S. CCS-HA-16).

Damit ergibt sich für eine arbeitswissenschaftliche Systembetrachtung die Notwendigkeit eines ganzheitlichen Gestaltungsansatzes. Isolierte Bemühungen der Arbeitsgestaltung, die nur einen dieser Einflußfaktoren berühren, scheitern dagegen oft an den mannigfaltigen Restriktionen der unbeachtet gelassenen anderen Wirkungsgrößen.

So kann auch eine arbeitswissenschaftlich gestaltete Software bei gleichbleibender Organisation und Qualifikation der Mitarbeiter nur unzureichend eingesetzt werden. Spielräume zur Berücksichtigung situativer und individueller Zustände, die potentiell in der Software angelegt sind, können aufgrund mangelnder Unterstützung durch begleitende Maßnahmen bei den anderen Faktoren nicht ausgenutzt werden.

Der von verschiedenen Autoren vertretene Ansatz einer notwendigen Kopplung von Arbeits- und Systemgestaltung (vgl. HACKER 47, S. 31-54; STREITZ 106) muß demnach auch für entsprechende vorbereitende und begleitende Tätigkeits- und Aufgabenanalysen gelten, die den Prozeß der Arbeitsgestaltung abbilden. Der Mikrokosmos einer

Arbeitsaufgabe allein reicht als Gestaltungsebene nicht aus. Die Arbeitsaufgabe kann sinnvoll nur im Kontext der technisch-organisatorischen Rahmenbedingungen betrachtet werden.

Nach REFA ist es im industriellen Bereich zweckmäßig, drei Systemarten zu unterscheiden.

- Technische Systeme, die z. B. Arbeits- bzw. Betriebsmittel umfassen,
- Soziale Systeme, in denen sich die arbeitenden Menschen befinden und
- soziotechnische Systeme, die die Komponenten des Mensch-Maschine-Zusammenhangs beinhalten (vgl. REFA 92, S. 93).

Aus den bisherigen Ausführungen folgt konsequent die Ausrichtung gestalterischer Vorhaben auf das Arbeitssystem als soziotechnisches System und nicht als eine isolierte Betrachtung der erstgenannten Subsysteme (technisches bzw. soziales System). Als Gestaltungselemente der soziotechnischen Systemgestaltung werden z. B. genannt:

1. die Bildung von relativ unabhängigen Organisationseinheiten,

2. die Einheit von Produkt und Produktion

3. der innere Aufgabenzusammenhang in einer Organisationseinheit

4. die Selbstregulation von Schwankungen und Störungen sowie

5. die Grenzregulation durch den Vorgesetzten (vgl. ULICH 114, SA. 51-65).

Die Basis dieses Ansatzes liegt in dem Versuch, technische und organisatorische Sachzwänge so weit wie möglich aufzulösen. Eine soziotechnische Perspektive führt zu einer Aufgaben- unf Systemgestaltung, die organisatorische, technische und personelle Bedingungen berücksichtigt.

3.2 Strategien der Arbeitsgestaltung

Abhängig vom Beginn expliziter Arbeitsgestaltungsvorhaben bei Systemprojektierungen sind unterschiedliche Strategien und Möglichkeiten für die Umsetzung daraus folgender Maßnahmen gegeben. Hacker (vgl. HACKER, RICHTER 40, S. 71) unterscheidet

- korrektive und
- projektive Arbeitsgestaltung.

Werden bei einem bestehenden System nachträglich Mängel hinsichtlich verschiedener Gestaltungskriterien entdeckt und mittels entsprechender Maßnahmen ausgeglichen, spricht man von korrektiver Arbeitsgestaltung. Ein entscheidendes Merkmal dieser Strategie ist darin zu sehen, daß hierbei meist ein begrenzter Gestaltungsspielraum zu bedenken ist, da an grundsätzlichen Technologie- oder Organisationsentscheidungen festgehalten werden muß. Ein Überwinden dieser Restriktionen ist entweder nur unter hohem Kostenaufwand zu erreichen oder bereits als vollständige Neugestaltung im Sinne projektiver Arbeitsgestaltung anzusehen.

Korrektive Arbeitsgestaltung im positiven Sinn kann allerdings auch als Iterationsschritt in einer von vorneherein projektiv angelegten Gestaltungsstrategie intendiert sein, die bereits bei früheren Gestaltungsschritten eine vorausschauende Bewertung erlaubt. Schließlich ist gerade von der projektiven Strategie zu fordern, daß sie nicht starre Konzepte, sondern

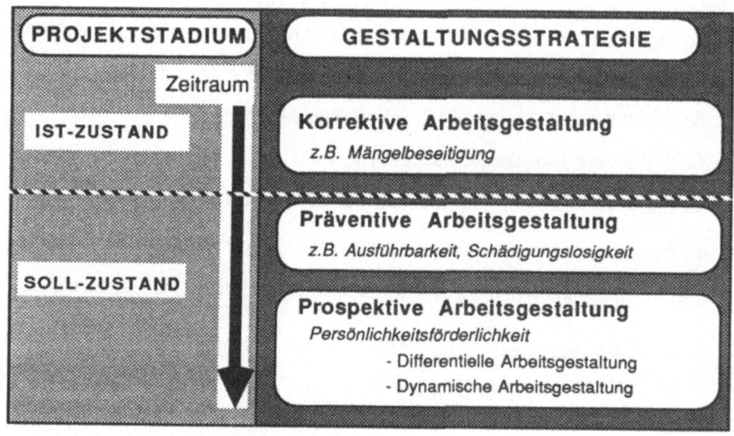

Abb. 6:   Formen der Arbeitsgestaltung (nach Ulich)

sich möglichen Zwischenergebnissen anpassende flexible Vorschläge vorsieht. Innerhalb der projektiven Arbeitsgestaltung lassen sich nach Ulich (siehe ULICH 110, S. 556-568; ULICH U. A. 115, S. 128) zwei qualitativ unterschiedliche Strategien verfolgen (s. Abb. 6).

Präventiv ist eine Gestaltungsstrategie dann zu nennen, wenn antizipativ im Entwurfsstadium eines Systems die grundsätzlichen Forderungen einer arbeitswissenschaftlichen Arbeitsgestaltung wie z. B. „Beeinträchtigungsfreiheit" und „Schädigungslosigkeit" berücksichtigt werden. Dehnt man diese Vorgehensweise auf das Ziel der Schaffung persönlichkeitsförderlicher Arbeitsplätze aus, erhält man eine prospektive Gestaltungsstrategie. „Prospektive Arbeitsgestaltung meint die bewußte Vorwegnahme von Möglichkeiten der Persönlichkeitsentwicklung im Stadium der Planung bzw. des Entwurfs - oder auch: der Neustrukturierung - von Arbeitssystemen durch Schaffung objektiver Handlungsspielräume, die von den Beschäftigten in unterschiedlicher Weise genutzt werden können" (siehe ULICH U. A. 115, S. 128). Die zielgerichtete Wahrnehmung umfassender Gestaltungsmöglichkeiten erfordert demnach die Verfolgung einer projektiven Arbeitsgestaltungsstrategie, die präventive und prospektive Kriterien umfaßt (vgl. Kap 2.2).

Als die wesentliche Strategie einer persönlichkeitsförderlichen Arbeitsgestaltung hebt Ulich die Einhaltung des Prinzips der differentiellen Arbeitsgestaltung hervor. Demnach sollen dem Arbeitenden stets mehrere Handlungsalternativen angeboten werden, aus denen er sich die ihm gerecht werdende aussuchen kann. Damit soll dem oft ungelösten Problem der Berücksichtigung individueller Differenzen bei Arbeitsstil und Arbeitsweise Rechnung getragen werden. Als Umsetzungsmöglichkeit des Prinzips der differentiellen Arbeitsgestaltung schlägt Ulich die dynamische Arbeitsgestaltung vor.

„Damit ist die Möglichkeit der Erweiterung bestehender oder die Schaffung neuer Arbeitssysteme gemeint sowie die Möglichkeit des Wechsels zwischen verschiedenen Systemen" (siehe ULICH U. A. 115, S. 128).

3.3 Formulierung von Gestaltungszielen im Kontext humaner Arbeitsgestaltung

Die Bedeutsamkeit expliziter Gestaltungsziele ergibt sich aus den bisherigen Ausführungen. Jede Form einer Aufgabenanalyse beinhaltet auch eine bewertende Perspektive, die sich aus dem dahinter stehenden theoretischen Modell ergibt und zur Auswahl bestimmter Aufgabenmerkmale unter dem Gesichtspunkt der Relevanz für den Analysegegenstand führt. Selbst rein deskriptiv vorgehende Verfahren bilden das zu beschreibende nicht in einem gleichmaßstäblichen Verhältnis ab, sondern versuchen zumindest mit Hilfe von sachlogischen Klassifizierungen oder Verkürzungen zu einer Beschreibung der wesentlichen Phänomene zu kommen. Rein sachlogische Erwägungen kann es allerdings im thematischen Zusammenhang von Arbeitstätigkeiten nicht geben. Der Ausgangspunkt von Arbeitsgestaltung kann abhängig von gesellschaftlichen, ethischen und unternehmensspezifischen Gesichtspunkten variieren. Um so dringender ist daher die Formulierung und Offenlegung nachvollziehbarer Fundamente einer gewählten Analyse-

methode oder eines Gestaltungsverfahrens, das sich an operationalisierbaren Gestaltungszielen - z. B. Persönlichkeitsförderlichkeit, Wirtschaftlichkeit - orientieren sollte.

Analyse und Gestaltung stellen dabei im Idealfall zwei sich ergänzende Komponenten
eines einheitlichen Prozesses dar, der als Leitlinie den gewählten Gestaltungszielen folgt.
Der Analyse sind beschreibende und bewertende Funktionen vorbehalten, die wesentliche
Informationen für das Gestaltungsvorgehen liefern. Mittels einer einheitlichen Theorie
kann eine „Arbeitssprache" gefunden werden, die die einzelnen Schritte des Gestaltungsprozesses integrativ beschreiben kann.

Zunächst soll daher kurz diese grundlegende Theorie (Handlungsregulationstheorie)
umrissen werden (s. weitere Erläuterungen in Kap. 4.3), anschließend sollen der daraus
folgende Analyse- und Gestaltungsgegenstand für die Gestaltung rechnergestützter
Arbeitsaufgaben näher eingegrenzt und die Gestaltungsziele präzisiert werden.

3.3.1 Handlungsregulationstheoretische Grundlagen

Vier Kernsätze verdeutlichen die grundlegenden Annahmen der Handlungsregulationstheorie
1. Handeln ist zielgerichtet und bewußt.
2. Ergebnisse des Handelns werden zurückgemeldet.
3. Handeln ist hierarchisch-sequentiell organisiert und
4. Handeln ist gegenständlich und gesellschaftlich determiniert (vgl. MOLDASCHL,
   WEBER 81; LEITNER U. A. 75; siehe auch Kap. 4.3).

Der Begriff „Handlung" drückt dabei die Bezeichnung einer Untereinheit einer in sich
geschlossenen Tätigkeit aus. „Unter Handlung verstehen wir die kleinste psychologische
Einheit der willensmäßig gesteuerten Tätigkeit. Die Abgrenzung dieser Handlung erfolgt
durch das bewußte Ziel, das die mit einem Motiv verbundene Vorwegnahme des
Ergebnisses darstellt."(vgl. HACKER 38, S. 73)

Die Annahme der Rückmeldung von Handlungsergebnissen und die hierarchisch-
sequentielle Organisation menschlichen Handelns drücken die Anlehnung der Theorie an
kybernetische Modellvorstellungen aus. Regulation ist demnach „(...) die Art und Weise,
wie bestimmte Ziele des Handelns gebildet werden, wie sie in Teilziele untergliedert und
schließlich durch einzelne Teilhandlungen und Bewegungen erreicht werden" (siehe
VOLPERT, OESTERREICH U. A. 120, S. 6; siehe auch Kap. 4.3).

Von besonderer Bedeutung ist die Gegenständlichkeit des Handelns und sein Bezug zu gesellschaftlichen Vorgängen. Diese manifestieren sich z. B. in Handlungsanforderungen an das arbeitende Individuum in Form konkreter Arbeitsaufgaben. „Der Charakter eines `Schnittpunktes` zwischen Organisation und Individuum macht die Arbeitsaufgabe zum psychologisch relevantesten Teil der vorgegebenen Arbeitsbedingungen" (siehe VOLPERT 119, S. 14).

3.3.2 Analyse- und Gestaltungsgegenstand

Für eine zielgerichtete Analyse und Gestaltung von Arbeitsaufgaben stellt sich die Frage nach der adäquaten Analyseeinheit. So kann das eigentliche Gestaltungsvorgehen bei rechnergestützten Aufgaben nur auf elementarer Ebene vonstatten gehen, da jeder reale Handlungsvollzug in der Software abgebildet werden muß. Die vorgelagerten und anschließenden Analysen und Bewertungen können dagegen nur auf hierarchisch höheren Ebenen angesiedelt sein, um eine Beschreibung der technisch-organisatorischen Zusammenhänge der Aufgabe als Ganzes zu ermöglichen (s. Kap. 4.3).

In handlungstheoretisch fundierten Arbeitsanalyseverfahren werden dementsprechende Merkmale des Arbeitssystems erhoben, deren Auswertungen und Interpretationen es „(...) dem Systemgestalter ermöglichen, verschiedene Alternativen (oder Versionen; Anm. des Verf.) der Aufgabenteilung zwischen Mensch und Maschine unter dem Aspekt einer menschengerechten Arbeitsgestaltung zu beurteilen" (vgl. SKARPELIS 104, S. 18) . In diesen Verfahren wird die Frage nach den Komponenten der psychisch-regulativen Faktoren der Tätigkeit und deren hierarchisch-sequentieller Aufbau (siehe HACKER 38, S. 133 ff.) in den Vordergrund gestellt.

Sinnvoll für den Arbeitsgestalter ist eine Abgrenzung verschiedener Arbeitsaufgaben innerhalb einer Tätigkeit (vgl. VOLPERT 118). Dies geschieht mit Hilfe von unterscheidbaren Meta-Zielen, die die oberste Stufe der hierarchisch-sequentiellen Regulationsstruktur der Tätigkeit (vgl. VOLPERT 118, S. 29) bilden. Je nach Tätigkeit können diese Ziele auf unterschiedlich hohem Niveau beobachtet werden. So weisen Ziele von Arbeitsaufgaben bei Hilfstätigkeiten in der Fertigung generell niedrigere Regulationsebenen auf als z. B. Tätigkeiten eines Facharbeiters.

„Alle Regulationsprozesse und Aktionsprogramme, die einem Ziel zugeordnet werden können und von diesem Ziel abgeleitet sind, bilden eine Arbeitsaufgabe. Zwei (oder mehrere) Arbeitsaufgaben liegen vor, wenn in der Arbeitstätigkeit zwei (oder mehrere) Ziele mit den dazugehörigen Unterzielen gegeben sind, die innerhalb der Tätigkeit des

Arbeitenden nicht miteinander verbunden sind" (siehe VOLPERT, OESTERREICH U. A. 120, S. 49)[1] .

Diese Aufgaben können wiederum in Arbeitseinheiten differenziert werden (vgl. GAKSCH 27, S. 40). Sie stellen Abschnitte der Aufgabe dar, „die die logische und zeitliche Abfolge der menschlichen (und der mit ihnen gekoppelten technischen) Eingriffe widerspiegeln. (...) Anzahl, Umfang und Komplexität einer Arbeitseinheit sind nicht global und streng unabhängig von der Art der Tätigkeit abstrakt bestimmbar" (siehe MOLDASCHL, WEBER 81, S. 88). Je nach Niveau einer Tätigkeit kann daher eine Arbeitseinheit mehr oder weniger viele unterscheidbare Handlungselemente umfassen (vgl. HACKER 38, S. 73). Für Tätigkeiten mit überwiegend geistig orientierten Arbeitsinhalten, wie sie in der Regel bei rechnergestützten Arbeitsplätzen vorliegen, bedeutet dies meist eine relativ breite Auslegung einer einzelnen Arbeitseinheit (s. Beispiel in Kap. 6).

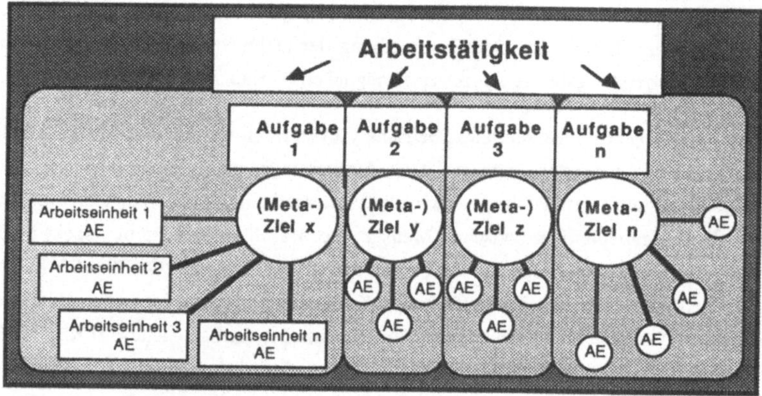

Abb. 7:   Abgrenzungen innerhalb einer Arbeitstätigkeit

Mehrere Arbeitseinheiten bilden genau dann eine Arbeitsaufgabe, wenn sie einem gemeinsamen Handlungsziel (Meta-Ziel) zuzuordnen sind (s. Abb. 7). In der REFA-Definition wird diesbezüglich eine relativ freie Auslegung möglicher Differenzierungen von Arbeitsaufgaben vorgesehen. Sie ist damit mit handlungstheoretisch begründeten Unterscheidungen kompatibel (vgl. REFA 92, S. 94).

---

[1]   Hervorhebungen im Original

3.3.3 Gestaltungsziele

Ausgehend von den beschriebenen Modellvorstellungen sind von verschiedenen Autoren Zielhierarchien der Arbeitsgestaltung und eine Reihe daraus abgeleiteter Bewertungskriterien für eine humane Arbeitsgestaltung aufgestellt worden (vgl. FRIELING, SONNTAG 25, S. 82). Neben solchen Zielhierarchien wie z. B. die in der Arbeitswissenschaft weitgehend akzeptierte Gliederung (vgl. LUCZAK E. A. 78, S. 58) von Hacker:

1. Ausführbarkeit,
2. Schädigungslosigkeit,
3. Beeinträchtigungsfreiheit und
4. Persönlichkeitsförderlichkeit (vgl. HACKER 37; ähnlich auch ROHMERT 96),

besteht die beschriebene Notwendigkeit, eine integrierende Sichtweise bei der Analyse und Gestaltung menschlicher Arbeit zu entwickeln (vgl. HACKSTEIN, GRAP 45; Kap. 2.1).

In der Formulierung einer Kerndefinition der Arbeitswissenschaft (vgl. LUCZAK E. A. 78, S. 59) wird diese hierarchische Klassifikation aufgegriffen und erweitert:

„Arbeitswissenschaft ist die - jeweils systematische - Analyse, Ordnung und Gestaltung der technischen, organisatorischen und sozialen Bedingungen von Arbeitsprozessen mit dem Ziel, daß die arbeitenden Menschen in produktiven und effizienten Arbeitsprozessen

- schädigungslose, ausführbare, erträgliche und beeinträchtigungsfreie Arbeitsbedingungen vorfinden,
- Standards sozialer Angemessenheit nach Arbeitsinhalt, Arbeitsaufgabe, Arbeitsumgebung sowie Entlohnung und Kooperation erfüllt sehen,
- Handlungsspielräume entfalten, Fähigkeiten erwerben und in Kooperation mit anderen ihre Persönlichkeit erhalten und entwickeln können" (vgl. LUCZAK E. A. 78, S. 59).

Das hierin zum Ausdruck kommende gesellschaftlich anerkannte und auch gesetzlich (vgl. GRUNDGESETZ DER BUNDESREPUBLIK DEUTSCHLAND 34) aufgegriffene Menschenbild kann als Grundlage für die Generierung expliziter Ziele einer an dem Globalziel Persönlichkeitsförderlichkeit orientierten Arbeitsgestaltung herangezogen werden. Abhängig von der betrachteten Prozeßebene der zu gestaltenden Arbeit „(...) ergeben sich unterschiedliche begriffliche Modelle und Zugriffsweisen auf die soziale und technische Wirklichkeit der Arbeit, verbunden mit einer bestimmten Auswahl der Kriterien von Menschengerechtheit" (vgl. LUCZAK E. A. 78, S. 59).

Eine vorgeschaltete Aufgabenanalyse innerhalb eines größeren Kontexts (Abteilung/ Organisation) benötigt klar definierte Gestaltungsziele, um Defizite oder ebenso günstige Ausprägungen einer gegebenen oder projektierten rechnergestützten Aufgabe ermitteln zu können. Nutzergerechte Software-Gestaltung kann erst dann sinnvoll einsetzen, wenn eine auf diese Weise als geeignet eingestufte Arbeitsaufgabe vorliegt.

Die von Ulich (vgl. ULICH 114, S. 51-65) abgeleiteten Gestaltungsziele menschengerechter Aufgabengestaltung im Rahmen der differentiellen Arbeitsgestaltung zielen in diesem Zusammenhang auf

- Ganzheitlichkeit,
- Anforderungsvielfalt,
- Möglichkeiten zur sozialen Interaktion,
- Autonomie und
- Lern- und Entwicklungsmöglichkeiten

bei Arbeitsaufgaben ab. Von besonderer Bedeutung ist deren handlungsregulationstheoretischer Hintergrund. So ist mit *Ganzheitlichkeit* im Sinne *sequentieller Vollständigkeit* von Handlungsvollzügen (vgl. RUDOLPH U. A. 98, S. 9) das Vorhandensein sämtlicher Arbeitseinheiten (Vorbereitung, Durchführung und Nachbereitung) innerhalb einer Arbeitsaufgabe gemeint, die zur Erfüllung des Metaziels notwendig sind. Sequentiell unvollständige Aufgaben finden sich dann, wenn eine dieser Arbeitseinheiten fehlen würde, wie dies an verschiedenen Fertigungsarbeitsplätzen bei hoher Arbeitsteilung zu beobachten ist.

Anforderungsvielfalt beschreibt dagegen die *hierarchische Vollständigkeit* von Handlungsvollzügen (vgl. RUDOLPH U. A. 98, S. 9). Gefordert wird bei der Bewältigung einer Arbeitsaufgabe eine Beteiligung möglichst vieler Regulationsebenen. Damit soll sichergestellt werden, daß auch komplexere Prozesse des Arbeitshandelns und somit *Lern- und Entwicklungsmöglichkeiten* in einer Aufgabe realisiert werden und keine Einseitigkeiten in der Anforderung an den Arbeitenden entstehen.

Die Bedeutung der *vollständigen Handlung* wird von Hacker ausdrücklich betont (vgl. HACKER 38, S. 163). Danach weisen Tätigkeiten, die aus unvollständigen Handlungen bestehen, zahlreiche Nachteile für den Handelnden auf:

- der Handelnde wird in seinen Lern- und Entwicklungsmöglichkeiten beeinträchtigt und
- seine Gesundheit kann im Extremfall gefährdet werden.

Vollständige Handlungen zeichnen sich demgegenüber dadurch aus, daß sie:

- der Leistungsmotivierung dienen,
- Wohlbefinden und psychische Gesundheit fördern sowie
- einer Dequalifizierung entgegenwirken.

Möglichkeiten zur sozialen Interaktion bezeichnen Gestaltungsaspekte zur Realisierung von belastungsreduzierender sozialer Unterstützung und kooperativen Anforderungen, die in einer Arbeitsaufgabe angelegt sein sollen (vgl. EMERY, THORSRUD 19, S. 50).

Schließlich wird mit dem Merkmal *Autonomie* eine weitgehende *Selbst*regulation der in einer Aufgabe notwendigen sequentiell und hierarchisch vollständigen Handlungsvollzügen gefordert (vgl. ULICH 113, S. 56). Auch diesem Merkmal sind bei ausreichender Realisierung innerhalb der Aufgabe *Lern- und Entwicklungsmöglichkeiten* immanent.

Eine diese Anforderungen erfüllende Arbeitsaufgabe bildet für den Software-Entwickler diejenige Aufgabenstruktur, die die Grundlage seiner Ableitung elementarer Gestaltungsgegenstände darstellt. In bestehenden Analyseverfahren wird auf die Möglichkeit hingewiesen, zusätzliche Verfahren für die Analyse dieser Ebene der elementaren Gestaltungsgegenstände (vgl. MILLER 79) hinzuzuziehen. Bislang fehlen jedoch adäquate Instrumente, die auf spezielle Belange der Software-Entwicklung zugeschnitten sind und gleichzeitig Prinzipien der nutzergerechten Arbeitsgestaltung berücksichtigen. Ein solches Verfahren muß vom Entwickler im Rahmen der differentiellen Auslegung von Gestaltungsgegenständen (z. B. Arbeitseinheiten; s. auch Kap. 4.3) eingesetzt werden können. Die vorliegende Arbeit beschreibt ein entsprechendes Vorgehen (s. Kap. 5).

Insgesamt können die obengenannten Merkmale nutzergerechter Aufgabengestaltung als notwendige Aufgabencharakteristika zur Erfüllung des globalen Gestaltungsziels der Persönlichkeitsförderlichkeit betrachtet werden (vgl. RUDOLPH U. A. 98, S. 10). Sie stellen die operativen Merkmale der Arbeitsgestaltung dar.

Weitere Aspekte kommen im Gestaltungsprozeß hinzu. Die Gewährung von Autonomie setzt Tätigkeitsspielräume voraus. Zielgerichtetes und bewußtes Handeln, wie es von der Handlungsregulationstheorie beschrieben wird, kann in seinem regulativen Vollzug aufgrund mangelnder Spielräume entscheidend behindert werden. „Damit kommt dem Tätigkeitsspielraum, innerhalb dessen Arbeitsaufgaben zu bewältigen sind, eine für die Persönlichkeitsentwicklung besondere Bedeutung zu "(siehe ULICH 113, S. 52). Er kann als eines der wesentlichen Teilziele des Globalziels Persönlichkeitsförderung betrachtet werden.

Eingebettet in den Gestaltungsansatz der differentiellen Arbeitsgestaltung (vgl. ULICH 112, S. 914ff.) erhält daher die Schaffung ausreichender Spielräume eine leitende Funktion für die weiteren Schritte des Gestaltungsprozesses. Betrachtet man nun das diesem Ansatz zugrundeliegende Konzept des Tätigkeitsspielraums (vgl. ACKERMANN 2, S. 27), das

- Handlungsspielraum als „Summe der Freiheitsgrade (...) in Bezug auf Verfahrenswahl, Mitteleinsatz und zeitliche Organisation von Aufgabenbestandteilen" (siehe HACKER 38, S. 72),

- Gestaltungsspielraum als „Möglichkeiten zur selbständigen Gestaltung von Vorgehensweisen" (siehe ULICH 112, S. 917) und

- Entscheidungsspielraum als Maß für Entscheidungskompetenz eines Mitarbeiters oder einer betrieblichen Gruppe (vgl. ACKERMANN 2, S. 27),

definiert, lassen sich konkrete Gestaltungsmerkmale für den Software-Entwickler auf der Ebene der elementaren Gestaltungsgegenstände ableiten. Die Konstituenten des Tätigkeitsspielraums stellen diesbezüglich Bewertungskriterien der gestalterischen Arbeit dar. Dieser Sachverhalt wird durch Abbildung 8 illustriert.

Ziel des Entwicklers muß es sein, die abgeleiteten Gestaltungsgegenstände differentiell auszulegen und eine geeignete, flexible Dialoggrammatik, die diesen Tätigkeitsspielraum und seine Konstituenten unterstützt, zu formulieren (s. Kap. 5). Hiermit ist eine weitgehende Individualisierbarkeit und größtmögliche Flexibilität der neugestalteten Software gemeint, die sowohl situative Flexibilität hinsichtlich eines wirtschaftlichen und effizienten Technikeinsatzes als auch dem arbeitenden Menschen inter- und intraindividuell einen größtmöglichen Handlungs-, Gestaltungs- und Entscheidungsspielraum innerhalb eines persönlichkeitsförderlichen Arbeitssystems (vgl. ACKERMANN 2, S. 3) gestattet.

Vorliegende Befunde über die Auswirkungen frei wählbarer und frei gestalteter (flexibler) rechnergestützter Arbeitsabläufe sprechen deutlich für das Prinzip der differentiellen Arbeitsgestaltung, das die Bildung starrer (rigider) Funktionsstrukturen vermeidet (vgl. ACKERMANN 1, S. 95-110; ACKERMANN 2).

Es zeigt sich, „daß (1) die flexiblen Varianten den rigiden Varianten hinsichtlich zentraler Merkmale der Effizienz deutlich überlegen sind, daß aber (2) nicht alle beteiligten Personen gegebene Handlungs- und Gestaltungsspielräume in gleicher Weise nutzen" (siehe ULICH 113, S. 61).

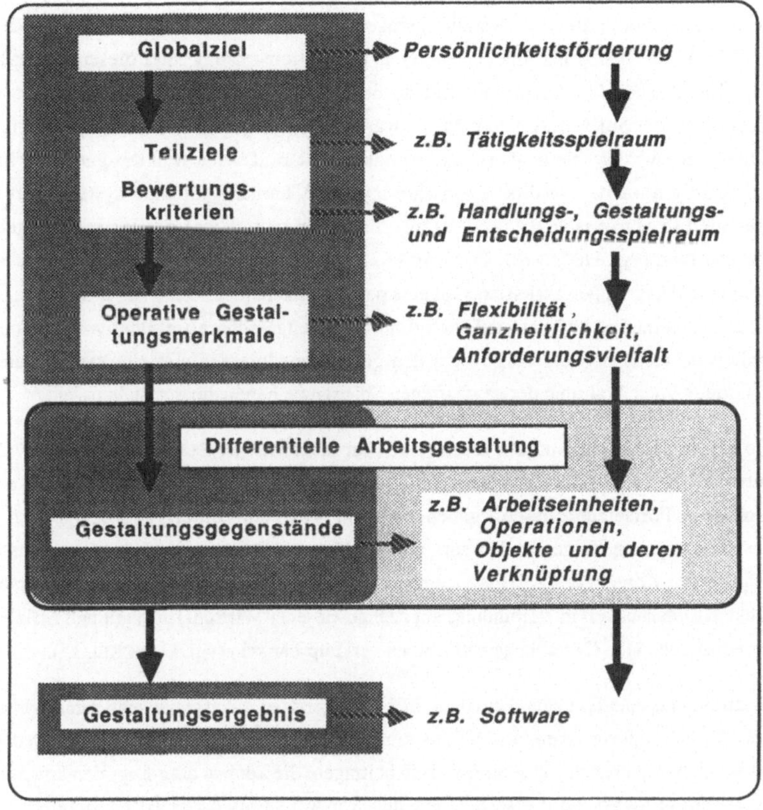

Abb. 8:   Ableitung der Gestaltungsmerkmale aus dem Globalziel Persönlichkeitsförderlichkeit

Wichtig ist eine kontinuierliche Beibehaltung des Aufgabenbezugs in sämtlichen Gestaltungsschritten. Nur auf diese Weise kann es gelingen, einmal angelegte Spielräume auch
auf den Ebenen unterer Hierarchiestufen der Gestaltungsgegenstände angemessen
beizubehalten und im Falle der Softwaregestaltung überhaupt erst zu ermöglichen, da eine
rigide Auslegung der Operationen und Objekte auf unterster Hierarchieebene einen flexiblen Einsatz der Gesamtlösung ausschließt.

Bestehende, umfangreiche Gestaltungsregeln (siehe Diskussion in ACKERMANN 3, S. 255ff.) zur Auslegung einer geeigneten Interaktionstechnik sind diesem zentralen Gestaltungsaspekt nachgeordnet. Ein an den konkreten Erfordernissen des Nutzers vorbeigehender Software-Entwurf kann zwar mittels geeigneter Interaktionsparadigmen aufgewertet werden, bleibt als solcher jedoch defizitär. „Even a well designed interface can scarely remedy a mediocre software-layout. A humane software-system must be structured so as to enable the user to apply it appropriately, but also to intuitionaly grasp it's operation (vgl. HORNUNG, CONRADS 62, S. 69-78)." Ein Software-Gestaltungsverfahren hat daher zu gewährleisten, daß eine persönlichkeitsförderliche Arbeitsaufgabe mit der zu gestaltenden Software adäquat, d. h. aufgabengerecht, abgebildet wird. Erst anschließend stellt sich die Frage nach den geeigneten Interaktionstechniken, die diese Abbildung unter Wahrung der geschaffenen Spielräume handhabbar gestalten.

Die Ebene der Gesamtaufgabe dient später der notwendigen Evaluation des Software-Entwurfs. Es ist evaluativ zu überprüfen, inwieweit die Arbeitsmittelgestaltung als eine homogene Fortsetzung der Aufgabengestaltung vor dem Hintergrund der genannten Gestaltungsziele gelungen ist. Die im Software-Entwurf abgebildeten Spielräume müssen im größeren Kontext des Arbeitssystems mit weiteren Aspekten des Globalziels Persönlichkeitsförderlichkeit in Verbindung mit nachgewiesener Wirtschaftlichkeit und Effizienz der entsprechenden Gestaltungsmaßnahmen verknüpfbar sein (vgl. DUNCKEL 17).

Zusammenfassend läßt sich festhalten, daß Tätigkeits- und Aufgabenanalysen innerhalb eines Gestaltungsvorhabens als Hilfsinstrumentarien zu einem an Gestaltungszielen und -merkmalen orientierten Gestaltungsprozeß beitragen. Sie können allerdings den konkreten Gestaltungsentwurf nicht ersetzen. Für den Software-Entwickler ist es vielmehr von Bedeutung, einen möglichst fundierten und auf die verfolgten Gestaltungsziele ausgerichteten Überblick über das Arbeitssystem zu erhalten, innerhalb dessen die Gestaltungsgegenstände (Aufgabe/ Tätigkeit usw.) angesiedelt sind. Abbildung 9 stellt die entsprechenden Gestaltungsebenen eines Arbeitssystems dar.

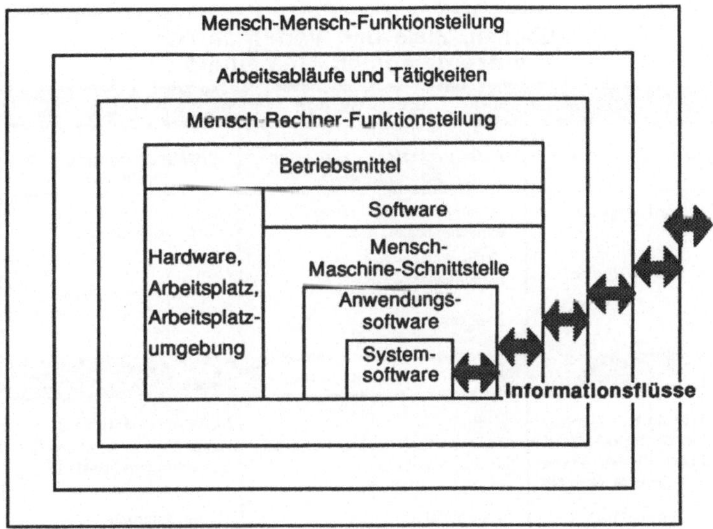

Abb. 9:   Gestaltungsebenen zur Auslegung eines nutzergerechten Arbeitssystems
(vgl. HACKSTEIN U. A. 46, S. 37)

Entsprechend aufbereitete Informationen lassen sich in einen regelgeleiteten Software-Entwicklungsansatz integrieren und erweitern diesen um relevante arbeitswissenschaftliche Dimensionen. Von großem Vorteil ist dabei auch der in allen Stadien des Analyse- und Entwicklungsprozesses gleichbleibende Gebrauch klar definierter Kategorien. So bleibt der geforderte konkrete Bezug zu den im Gestaltungsprozeß eingangs erzielten Analyseergebnissen und damit zur Arbeitsaufgabe auch im Entwicklungsstadium bestehen.

Abbildung 10 verdeutlicht den Zusammenhang der verschiedenen Aspekte der Gestaltung von Arbeitsaufgabe, Arbeitsmittel und anschließender Evaluation.

Das Hauptgewicht des Software-Entwurfs liegt auf einem systematischen Gestaltungsansatz, der bei rechnergestützten Arbeitsaufgaben in einem humane, wirtschaftliche und technische Kriterien berücksichtigenden Software-Gestaltungsverfahren zu suchen ist, wie es die vorliegende Arbeit vorstellt (s. Kap. 5).

Ebenen, Ziele und Verfahren der nutzergerechten Gestaltung		
...der Aufgabe		
Gestaltungsebene	*Gestaltungsziele, -kriterien und -merkmale*	*Arbeitsgestaltung mit Verfahren*
der Gesamttätigkeit	Persönlichkeitsförderung Wirtschaftlichkeit u.a.	Tätigkeitsanalysen
der Arbeitsaufgabe	Tätigkeitsspielraum Ganzheitlichkeit Anforderungsvielfalt Effizienz u.a.	Aufgabenanalysen
...der Arbeitsmittel		
der Arbeitseinheiten der Handlungselemente der Operationen, Werkzeuge und Objekte	Abgegrenzte Aufgabenelemente der Aufgabenstruktur	Software-Gestaltung mit Hierarchischer Ableitung der Gestaltungsgegenstände
der Dialoggrammatik	Flexibilität u.a.	Generalisierung
der Interaktionstechnik	Minimierung der Interaktionsproblematik	Interaktions-Techniken
und Evaluation		
der Gesamttätigkeit bzw. -aufgabe	Persönlichkeitsförderung Wirtschaftlichkeit	Tätigkeits- bzw. Aufgabenanalysen
der Softwarelösung	Nutzerbeteiligung	Prototyping

Abb. 10:   Aspekte eines nutzergerechten Gestaltungsvorhabens

3.4 Verknüpfung von Gestaltungszielen, Analysen und Gestaltungsprozeß

Akzeptiert der Systemgestalter das globale Gestaltungsziel „Persönlichkeitsförderlichkeit" für das eigene Vorgehen, benötigt er unmittelbar für die ersten Gestaltungsschritte entsprechend aufbereitete Daten. Es sind entsprechend der vorliegenden Zielsetzung geeignete, d. h. theoretisch fundierte und mit dem Gestaltungsprozeß verknüpfbare Verfahren auszuwählen, die innerhalb der Arbeitsanalysen eingesetzt werden können.

3.4.1 Diskussion von Analyseverfahren

Häufig verwendete Breitbandverfahren wie der FAA[1] (vgl. FRIELING, HOYOS 26) und der AET[2] (vgl. ROHMERT, LANDAU 97) decken zwar ein breites Spektrum verschiedener Dimensionen der Arbeitstätigkeit ab, weisen gleichzeitig aber das Defizit auf, Arbeitstätigkeiten lediglich auf der Basis von Reiz-Reaktionstheorien zu betrachten. Innerhalb dieser Theorien ist es jedoch nicht möglich, Aussagen über die psychische Regulation menschlicher Arbeit zu treffen. Vielmehr wird eine quantitative Klassifikation verschiedener Arbeitsplätze angestrebt (vgl. FRIELING, HOYOS 26), die weitgehend auf deskriptivem Niveau angelegt ist.

Durch eine Zergliederung der untersuchten Tätigkeit in theoretisch nicht näher begründete Elemente können zwar Häufigkeiten und andere Abstufungen ausgezählt werden, „wodurch man (aber; Anm. des Verf.) Gefahr läuft, ihre ganzheitliche Struktur und ihre psychische Regulation aus dem Auge zu verlieren" (siehe RUDOLPH U. A. 98, S. 5).

So kommen für ein diese Gesichtspunkte berücksichtigendes Vorgehen ausschließlich Verfahren in Frage, die eine explizite Datenerhebung der für die handlungstheoretisch fundierten relevanten Tätigkeits- und Aufgabenbereiche gewährleisten. Nur durch die konsequente Einhaltung dieses Theoriebezuges ist anschließend auch eine kontinuierliche Bewertung der erhobenen Daten und Evaluation möglicher Gestaltungsvarianten durchzuführen. Ein fortwährender Wechsel der Erhebungsmethodik von der Ist-Analyse über die Sollkonzepterstellung bis hin zur Variantenbewertung ist zwar eine häufig zu beobachtende, allerdings umstrittene Vorgehensweise. Wie bisher gezeigt wurde, ist der Analyse- und Gestaltungsprozeß als theoretische Einheit zu betrachten, da nur so eine kontinuierliche Vorgehensweise bei der Gestaltungsarbeit zu leisten ist.

Bislang fehlten überzeugende Instrumente, die eine wünschenswerte Kontinuität im Gestaltungsprozeß gestatten. Neuere Verfahren wie das TBS-GA[3] (vgl. RUDOLPH U. A. 98, S. 5), die ATAA[4] (vgl. WÄCHTER U. A. 122) und demnächst auch KABA[5] (vgl. DUNCKEL 17) können dagegen aufgrund ihrer handlungsregulationstheoretischen Fundierung erstmals zielgerichtet in den Gestaltungsprozeß eingebunden werden. Sie können somit dem Entwickler interpretierbare Basisinformationen über den Kontext (Arbeits-

---

[1] FAA   - Fragebogen zur Arbeitsanalyse
[2] AET   - Anforderungsermittlung für Tätigkeiten
[3] TBS-GA   - Tätigkeitsbewertungssystem-Geistige Arbeit
[4] ATAA   - Analyse von Tätikeitsstrukturen und prospektive Arbeitsgestaltung bei Automatisierung
[5] KABA   - Korrektive Aufgabenanalyse

system) der zu gestaltenden Arbeitsaufgabe bieten, die in einem geeigneten Software-Gestaltungsansatz aufgegriffen und verarbeitet werden (s. Kap. 4). Spezifische Merkmale eines zu gestaltenden Arbeitsplatzes, die von allgemeinen Verfahren notwendigerweise nur oberflächlich berührt werden können, sind dabei je nach erforderlichem Auflösungsniveau natürlich separat zu erheben. Die ATAA zeigt ein solches Vorgehen für Fertigungs-Arbeitsplätze des Maschinenbaus.

Interessant ist der unmittelbare Vergleich von Ergebnissen eines Verfahrens dieser theoretischen Ausrichtung (hier: TBS-GA) mit dem AET-DTV[1] (vgl. HAIDER, ROHMERT 48). Korrelationen beider Verfahren ergeben in keinem Kriterium signifikante Ergebnisse (vgl. RUDOLPH U. A. 98, S. 5). Während der AET-DTV hauptsächlich ergonomische Kriterien auf der Stufe des ersten Abschnitts der Kerndefinition der Arbeitswissenschaft (vgl. LUCZAK E. A. 78), also „Schädigungslosigkeit" u. a. abbildet, ist das TBS-GA auf die beiden folgenden Abschnitte der Definition („soziale Angemessenheit, Persönlichkeitsentwicklung u. a.) ausgerichtet. Das Ausbleiben signifikanter Korrelationen beider Verfahren kann demnach als Indiz gewertet werden, daß es sich hierbei um unabhängige Dimensionen handelt.

Eine nach Verfahren wie z.B. dem AET ausgerichtete Aufgabenanalyse erfaßt wesentliche psycho-regulative Merkmale der Tätigkeit nicht. Andererseits ersetzt eine handlungstheoretische Analyse auch nicht entsprechende Untersuchungen. In den Handlungsanweisungen der Analyseverfahren wie dem TBS-GA wird dieser Schlußfolgerung mit dem Hinweis Rechnung getragen, in einem ersten Analyseschritt Kriterien der Ausführbarkeit, Schädigungslosigkeit und Beeinträchtigungsfreiheit (vgl. HACKER 37) zu überprüfen, ohne deren günstige Ausprägungen nicht von einem Vorliegen persönlichkeitsförderlicher Merkmale einer Arbeitstätigkeit gesprochen werden kann, um dann im zweiten Schritt z. B. TBS-GA einzusetzen.

3.4.2 Bedeutung der Analyseergebnisse für den Software-Entwurf

Wichtig ist für den Systemgestalter, daß die Aufgabenanalyse zu einer handhabbaren Beschreibungshilfe der zu gestaltenden Arbeitsaufgabe im Kontext der technisch-organisatorischen Rahmenbedingungen führt.

Gerade für die Softwaregestaltung ist das Auflösungsniveau eines Analyseverfahrens von Bedeutung (s. Kap. 3.3.3). Die Orientierung an der Arbeitsaufgabe der erwähnten Verfahren und eine weitere Verfeinerung auf der Ebene von Arbeitseinheiten (s. Kap. 4.3)

---

[1] AET-DTV - Anforderungsermittlung für Tätigkeiten der Daten- und Textverarbeitung

ist eine Grundvoraussetzung für eine ausreichende Qualität der Analyseinformation. Dies gestattet die kontinuierliche Wahrung des Aufgabenbezugs auf sämtlichen Gestaltungsebenen und ermöglicht eine systematische Ableitung der Gestaltungsgegenstände für den Software-Entwurf. Anschließend kann mit Hilfe der gewonnenen Analysedaten eine Modellierung der Software geschehen. Als technisch-organisatorische Grundlage hierfür wird eine Beschreibungssprache (vgl. OBERQUELLE 86) zu finden sein, die zu einem analytisch hergeleiteten Software-Entwurf führt, der kompatibel zu fortgeschrittenen Software-Engineering-Instrumenten ist (s. Kap. 5).

3.4.3 Mitarbeiterbeteiligung am Gestaltungsprozeß

Eine von Beginn an intensive Einbeziehung der betroffenen Mitarbeiter ermöglicht eine zusätzliche Perspektive für das Gestaltungsvorhaben (vgl. HORNUNG 60) und korrespondiert mit der dynamischen Arbeitsgestaltung nach Ulich (vgl. ULICH 114) (s. Kap. 3.2). Sie hat sich in Praxisprojekten als brauchbare und dringend notwendige Strategie zur Vermeidung von Gestaltungsdefiziten und Akzeptanzproblemen herausgestellt (vgl. DUELL, FREI 16, S. 20; HACKSTEIN, HEEG 46 S.30-35).

Schon die Anlage der genannten Verfahren als Beobachtungsinterviews, die eine Informationssammlung gemeinsam mit den von der Systemgestaltung betroffenen Mitarbeitern vorsehen, sowie die Verwendung einer möglichst leicht verständlichen Beschreibungssprache kann diesen Prozeß fördern. Einstufungen, Analysen und Bewertungen bleiben dem Durchführenden des Verfahrens vorbehalten.

Die gewonnene Datenbasis kann später als Diskussionsgrundlage für eine sinnvolle Nutzerbeteiligung beim Gestaltungsprozeß genutzt werden und schafft auch während der Entwurfsphase die notwendige Transparenz für alle Beteiligten. Der Systemgestalter ist durch die analytischen Erhebungen in dieser Planungsphase gezwungen, seine Überlegungen zu fixieren und kann damit im Zusammenwirken mit den Betroffenen möglichen Fehlentwicklungen schon frühzeitig begegnen.

Ein weiterer Weg, Mitarbeiterbeteiligung auch während des Entwurfs der Software zu gewährleisten, besteht in der iterativen oder prozeßorientierten Vorgehensweise des Prototypings (vgl. HEEG, NEUSER 54, S. 40f.) „Ausgehend von einer konzeptionellen Vorstellung davon, was das geplante System leisten soll, werden wesentliche Funktionskomponenten herausgegriffen und unter weitgehender Vermeidung von Details in Form lauffähiger Module programmtechnisch realisiert. Diese Bausteine werden im interaktiven Betrieb getestet, verbessert, erweitert und zu größeren Einheiten zusammengefügt" (siehe

HOPPE 58). Der Beteiligungsaspekt des Prototyping zielt auf „aktive Teilnahme oder Beurteilung und Bewertung von Zwischenergebnissen" (siehe HEEG, NEUSER 54, S. 78) des Software-Entwurfs durch die späteren Nutzer ab.

3.4.4 Schlußfolgerungen für den Gestaltungsprozeß

Auf den ersten Blick scheinen systematische, theorie- und methodengestützte, arbeitswissenschaftliche Gestaltungsansätze mit einem praxisfernen übermäßigen Aufwand verbunden zu sein. Dies trifft jedoch nur dann zu, wenn mit jedem Gestaltungsprojekt ein neuer an wissenschaftlichen Grundlagen orientierter Forschungsprozeß initiiert werden muß, weil kein übertragbares Verfahren vorliegt. Es ist ein besonderes Anliegen dieser Arbeit, auf die breite Anwendbarkeit wissenschaftlicher Forschungsergebnisse hinzuweisen. Fundierte Gestaltungsansätze müssen immer in der Praxis auch wirtschaftlich einsetzbar sein.

In einem konkreten Anwendungsfall muß daher ein solcher Ansatz die jeweiligen technisch-organisatorischen Rahmenbedingungen berücksichtigen und einfach adaptierbar sein. Ein solchermaßen ausgerichteter Gestaltungsprozeß setzt Transparenz und Kontinuität im gesamten Entwicklungsprozeß voraus und kann den Aufwand des Gestaltungsvorhabens damit erheblich reduzieren. Berücksichtigt man außerdem die Gefahr unkontrolliert wachsender Kosten, die mit der Fehlplanung technischer Systeme verbunden sein können, die sich z. B. in der Notwendigkeit, komplizierte Nachbesserungen (korrektive Arbeitsgestaltung) vornehmen zu müssen, äußern können, so sprechen diese Argumente deutlich für die bereits beschriebene Vorgehensweise der Systemgestaltung.

Ein solcher Ansatz kann überdies mit weitaus größerer Sicherheit mit der Akzeptanz der betroffenen Mitarbeiter rechnen als aufwandminimierende Strategien, die erst im Nachhinein aufgrund entstehender Unzulänglichkeiten auf die Bedürfnisse der Mitarbeiter eingehen, da sichtbare Anstrengungen für eine konstruktive Beteiligung der Betroffenen hier immanent sind und von den eingesetzten Analyseverfahren, wie bereits erwähnt, sogar explizit gefordert wird. Andererseits ist darauf zu achten, daß kreative Freiräume der Systementwickler nicht mittels rigider Forderungskataloge auf ein Minimum eingeschränkt werden. Pointiert ließe sich formulieren, daß auch der Systementwickler über einen ausreichenden Tätigkeitsspielraum in seiner Gestaltungsaufgabe verfügen muß. Es muß allerdings auf die grundsätzliche Bedeutung von Transparenz des Gestaltungsgeschehens hingewiesen werden, ohne die z. B. Mitarbeiterbeteiligung nicht realisierbar ist. Die in der vorliegenden Arbeit im folgenden vorgeschlagene Verfahrensweise liefert einen Ansatz, der beide scheinbar widersprüchlichen Pole zu kombinieren hilft (s. Kap.4).

3.5 Rahmenbedingungen der Arbeitsgestaltung

3.5.1 Arbeitsbedingungen und personale Bedingungen

Die Analyse von Arbeitstätigkeiten und der sie konstituierenden Arbeitsaufgaben erfordert im Vorfeld eine theoretische Beschreibung und Durchdringung der relevanten Einflußfaktoren. Arbeitsbedingungen als Oberbegriff der technisch-organisatorischen Merkmale der Arbeitsumgebung und personale Bedingungen als Oberbegriff für Merkmale des arbeitenden Individuums können unter dem Begriff der Ausführungsbedingungen zusammengefaßt werden (vgl. HACKER 38, S. 34f.).

Personale Bedingungen können zwei unterschiedliche Sachverhalte beschreiben. Bedingungsbezogen umfassen sie von außen an das Individuum gestellte konkrete Anforderungen, personenbezogen bezeichnen sie die jeweiligen interindividuell verschiedenen Ausprägungen dieser Merkmale (Qualifikation) und spezifische psychoregulative Prozesse wie z. B. Motivation und Emotionen.

Die Dichotomie der beiden Bedingungsgefüge stellt aufgrund der vielfältigen Interaktionen, die zwischen Arbeitsbedingungen und personalen Bedingungen bestehen, allerdings eine grobe Vereinfachung dar und ist daher mehr als Akzentuierung spezifischer Untersuchungsziele in diesem Kontext zu verstehen. Heeg beschreibt in seinem Modell der „Verknüpfung von Technikgestaltung, Arbeitsorganisation, Qualifizierung und Persönlichkeitsförderung" (siehe Abb. 11) auf welche Weise sich das Beziehungsgeflecht zwischen diesen beiden Polen der Arbeitstätigkeit äußert (vgl. HEEG 51, S. 20). Charakteristika des technisch-organisatorischen Bereichs (Arbeitsbedingungen) generieren gemeinsam mit den objektiven Tätigkeits- bzw. Aufgabenmerkmalen den objektiven Handlungsspielraum (vgl. ULICH 111, S. 917), während personenseitig (personale Bedingungen) ein Handlungsraumkonzept aufgebaut wird, das dem Aufbau operativer Abbilder (vgl. HACKER 38, S. 120ff.) entspricht. Hiermit sind tätigkeitsbegleitende mentale Repräsentationen gemeint, die sich z. T. aus überdauernden Gedächtnisinhalten und relativ kurzfristigen „Abbildungen gegenwärtiger Sachverhalte" (vgl. HACKER 38) zusammensetzen. Neben Aspekten der individuellen Handlungskompetenz für eine spezifische Arbeitstätigkeit bzw. -aufgabe geht auch die „Redefinition" (vgl. HACKMAN 42, S. 202-237) der Tätigkeit bzw. Aufgabe und damit der subjektive Handlungsspielraum in das Handlungsraumkonzept mit ein. Objektiver Handlungsspielraum und Handlungsraumkonzept determinieren das spezifische berufliche Handlungsvermögen. „Je besser nun die subjektiv interpretierten mit den objektiv gegebenen Situationen übereinstimmen und je besser die Ausführoperationen gewählt werden, umso erfolgreicher wird das Handlungsergebnis sein" (siehe HEEG 51, S. 17).

Diese kurze Betrachtung der vielschichtigen Beziehungen wirksamer Einflußgrößen auf die Arbeitstätigkeit zeigt die Notwendigkeit einer theoriegeleiteten Gestaltungsarbeit auch in der Praxis. Auch für den hauptsächlich an technologischen Fragestellungen interessierten Entwickler kann eine ganzheitliche Auseinandersetzung mit dem Arbeitssystem einen Erkenntnisgewinn darstellen, liefert sie ihm doch eine sinnvolle Präzisierung seiner Gestaltungsaufgabe über die rein funktionstechnische Realisierung hinweg.

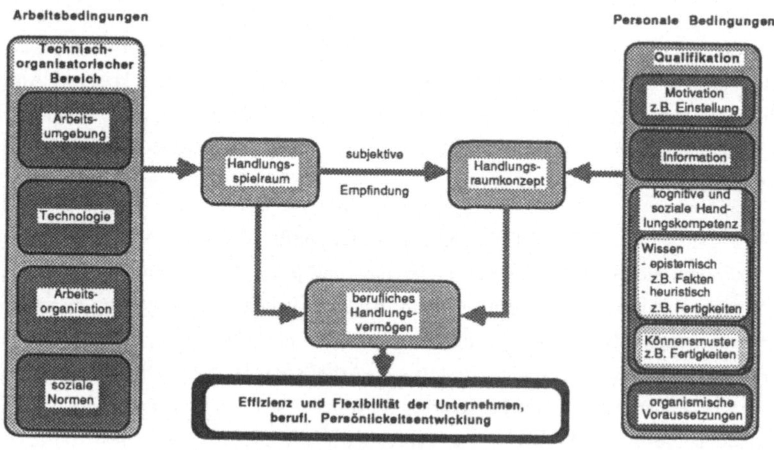

Abb. 11:   Zusammenhang zwischen Technik, Organisation, Qualifikation und Persönlichkeitsförderung u. a. (nach Heeg)

3.5.2 Bedingungsbezogene und personenbezogene Analyse

Tätigkeits- und Aufgabenanalysen können objekt- oder subjektorientiert durchgeführt werden. Die (objektive) Tätigkeits- und Aufgabenanalyse beschäftigt sich nun mit den bedingungsbezogenen Phänomenen menschlicher Arbeit, die in Merkmalen der Arbeitsaufgabe und deren Einbettung in größere Zusammenhänge, in Merkmalen und Eigenschaften der verwendeten Arbeitsmittel sowie in den qualifikatorischen Anforderungen beobachtet werden können. Bedingungsbezogen heißt hier, eine Analyse unabhängig von interindividuellen Differenzen der beobachteten Arbeitenden vorzunehmen und damit für den untersuchten Aufgabenbereich einen idealtypischen Arbeitsplatz abzubilden. Das Untersuchungsziel ist daher hauptsächlich an den Ausprägungen der Arbeitsbedingungen orientiert.

Subjektive, also personenbezogene Analysemethoden ergänzen dieses Vorgehen. Sie können Aufschluß über inter- und intraindividuell verschiedene Arbeitsweisen und -stile geben (z. B. SAA[1] (vgl. UDRIS 109); HAA[2] (vgl. GEDIGA U. A. 28, S. 80-88)). Ein Gestaltungsansatz, der eine weitgehende Flexibilität der Software zur Schaffung von ausreichenden Spielräumen fordert (s. Kap. 1.3.3), kann mit Hilfe personenbezogener Analysemethoden im Feld evaluiert werden. Läßt sich nachweisen, daß inter- und intraindividuell verschiedene Arbeitsstile bei gleicher Effizienz mit der gestalteten Software möglich sind, kann ein wesentliches Gestaltungsziel als erfüllt angesehen werden. In vorausgehenden Schritten kommt der personenbezogenen Aufgabenanalyse eine heuristische Funktion zu. Mit ihrem Einsatz ist es möglich, den Analysegegenstand (die Aufgabe) dahingehend zu untersuchen, welche grundsätzlichen Verständlichkeitsprobleme und Arbeitsstile in der neugestalteten Aufgabe zu beobachten sind. Ein solches orientierendes Vorgehen wurde auch in der Vorphase der experimentellen Untersuchung dieser Arbeit (Kap. 6) gewählt.

3.6 Fazit

Das Globalziel der Persönlichkeitsförderlichkeit kann nur unter Berücksichtigung der Individualitäten des Arbeitenden und der Förderung individueller Leistungen realisiert werden. Die für die bedingungsbezogene Analyse geforderte Beschreibung eines idealtypischen Arbeitsplatzes ist in diesem Zusammenhang als Hilfskonstruktion zu verstehen, um sich ein möglichst konkretes Bild der vorliegenden Arbeitsbedingungen zu verschaffen. So werden auf der einen Seite z. B. Qualifikationserfordernisse und Lernchancen, die innerhalb einer Arbeitsaufgabe angelegt sind, gefordert, die auf der anderen Seite für jedes Individuum bei gegebenen Grundanforderungen (z. B. Ausbildungsvoraussetzungen) unterschiedlich zu interpretieren sind. Eine rein bedingungsbezogene Analyse kann vorliegende Schwachstellen benennen und Mindestausprägungen der für das Globalziel „Persönlichkeitsförderlichkeit" relevanten Merkmale einer Aufgabe für einen Gestaltungsentwurf vorgeben. Nur dann, wenn zusätzlich sichergestellt wird, daß individuelle Arbeitsweisen und -stile sowie Entwicklungsmöglichkeiten in der Gestaltungslösung be-

---

[1] SAA   - Subjektive Arbeitsanalyse
[2] HAA   - Heterarchische Aufgabenanalyse

dacht worden sind, kann von einem arbeitswissenschaftlich begründeten, auf Persönlichkeitsförderlichkeit ausgerichteten prospektiven Software-Entwurf gesprochen werden. „´Effizienz´ als Hinweis auf die Gültigkeit des Prinzips der differentiellen (...) Arbeitsgestaltung" (vgl. ACKERMANN 2, S. 6) und damit Wirtschaftlichkeit der neugestalteten Lösung müssen dabei erreicht werden. Bezogen auf das Modell von Heeg kann davon ausgegangen werden, daß eine Arbeitstätigkeit umso persönlichkeitsförderlicher wird, „je mehr der Arbeitenden in der Lage ist, seine persönliche Handlungskompetenz in berufliches Handlungsvermögen umzusetzen" (siehe HEEG 51, S. 20).

Die bisher erwähnten handlungstheoretischen Analyseverfahren gehen bedingungsbezogen vor. Im Unterschied zu Verfahren, die sich an Reiz-Reaktions-Modellen der Arbeitstätigkeit orientieren (z. B. FAA (vgl. FRIELING, HOYOS 26); AET (vgl. ROHMERT, LANDAU 97)), beinhalten sie konkrete Vorstellungen über die psychische Regulation des Arbeitshandelns. Sie erfassen damit „für ganze Menschengruppen gültige, allgemeine Formen der Auseinandersetzung von arbeitenden Menschen mit ihrer Tätigkeit, abstrahierend von Eigenarten des jeweiligen Individuums, nicht jedoch vom handelnden Menschen schlechthin (...)" (siehe RUDOLPH U. A. 98, S. 7).

Empirisch vorgefundene inter- und intraindividuell abweichende Arbeitsweisen werden allerdings dabei ausgeklammert. Somit wird auch die mögliche Divergenz zwischen einer objektiv gegebenen und der vom Mitarbeiter redefinierten „subjektiven Aufgabe" in Verfahren mit dieser Vorgehensweise nicht berücksichtigt. Daß es sich dabei nicht um ein vernachlässigbares Phänomen handelt, zeigen die neueren Untersuchungen zu individuell und flexibel gestalteten Softwareanwendungen (vgl. ACKERMANN, ULICH 5, S. 131-146). Gediga e. a. fanden in ihren Untersuchungen zur Analyse rechnergestützter Aufgaben mit Videokonfrontation erhebliche Unterschiede bei der Aufgabenbearbeitung. „Es ist bemerkenswert, welche individuellen Besonderheiten in der Arbeitsweise selbst bei elementaren Aufgaben zu beobachten sind (...)" (siehe GEDIGA U. A. 28, S. 87). Ein „mentales Modell", das der Nutzer von einer Aufgabenwelt aufbaut, stellt sich daher in der Beschreibung mit einem bedingungsbezogenen Verfahren als ein um diese Variationsquellen bereinigtes idealtypisches Modell dar. Das Prinzip der differentiellen Arbeitsgestaltung, das die Schaffung von Spielräumen zur Gewährleistung situativer und individueller Flexibilität fordert, verfolgt einen gegensätzlichen Ansatz. Von großer Bedeutung sind bisher erzielte empirische Ergebnisse der differentiellen Arbeitsgestaltung, die zu deutlichen Effizienzsteigerungen im Bereich industrieller Fertigung geführt haben (vgl. ZÜLCH, STARINGER 126, S. 211-216; GROB 33).

Zusammenfassend läßt sich daher feststellen, daß die bedingungsbezogene Aufgaben-
analyse eine brauchbare Beschreibung und Analyse der Gestaltungsgegenstände bis zu
einem elementaren hierarchischen Niveau (Operationen) liefert und daß mit Hilfe des
Prinzips der differentiellen Arbeitsgestaltung die personenseitig und situativ wichtige
Flexibilität des Arbeitshandelns bei gleichzeitiger Wirtschaftlichkeit und Effizienz in den
Gestaltungsprozeß mit eingeht.

4 Einbeziehung arbeitswissenschaftlicher Konzepte in Netzwerkdarstellungen soziotechnischer Systeme

Bei der Gestaltung von Arbeitssystemen werden zumindest drei Phasen durchlaufen. Diese können explizit oder implizit vorhanden sein und mehr oder weniger theoretisch fundiert angegangen werden (s. Kap. 3).

Zunächst erfolgt in der Ist-Analyse die Beschreibung des vorgefundenen Zustands. Danach wird in der Gestaltungsphase eine neue Konzeption entwickelt und als Soll-Konzept formuliert. Zuletzt wird das Soll-Konzept realisiert (s. Kap. 3.4).

In allen Phasen ist es notwendig, die erzielten Ergebnisse zu dokumentieren, damit eine ausreichende Grundlage für einen Gestaltungsprozeß besteht, der die Bedürfnisse aller Beteiligten erfüllt (s. Kap. 3.5).

Dies kann z. B. in Form einer spezifischen Modellbildung geschehen, bei der das vorgefundene oder beabsichtigte Arbeitssystem hinsichtlich bestimmter Aspekte abgebildet wird (s. Kap. 3.5).

Dabei müssen bestimmte Forderungen an diese Modellierung erfüllt sein:
a) hinsichtlich der semantischen Aspekte
  - eindeutig
  - verständlich
b) hinsichtlich der syntaktischen Aspekte
  - vollständig
  - nicht komplex (vgl. OBERQUELLE 86, S. 40f.).

Diese Forderungen an ein Modell resultieren aus den vielfältigen Zwecken, denen es genügen soll:
- Der Gestalter will seine Gestaltungsziele realisieren und benötigt dafür bestimmte Informationen, die im Modell vorhanden sein müssen,
- handelt es sich um die Einführung eines EDV-Systems, will der Programmierer das Modell zur software-technischen Realisierung des Soll-Konzepts nutzen.
- Werden am Gestaltungsprozeß die (zukünftigen) Anwender beteiligt, wollen sie das Modell nutzen, um sich am Gestaltungsprozeß zu beteiligen und ihre Interessen einzubringen (s. Kap. 2 und Kap. 3.4.3).

Einen Ansatz dazu stellt die Modellierung mit Hilfe von Netzwerkstrukturen dar. Ein Vorschlag, der sich insbesondere auf die Gestaltung rechnergestützter Arbeit bezieht, ist das Sprachkonzept von OBERQUELLE (vgl. OBERQUELLE 86), mit dem der Autor, aufbauend auf einer umfangreichen Diskussion bestehender Netzwerkdarstellungen, ein differenziertes Beschreibungskonzept vorlegt. Seine umfassende Qualität wird von KEIL--SLAWIK (vgl. KEIL-SLAWIK 69, S. 125) belegt, weshalb im folgenden darauf aufgebaut wird. Ausgehend von einem „Rollenkonzept" werden dort die Tätigkeiten (Funktionen) der jeweiligen Rollenträger (Mitarbeiter) abgebildet und ihre Schnittstellen mit anderen Rollenträgern beschrieben. Dabei ist die Beschreibung der Schnittstellen auf den Aspekt des Objektaustausches zwischen Rollen abgestellt. Daneben werden Informationsflüsse abgebildet, die für die Erfüllung von Funktionen nötig sind. Oberquelle gibt als ein Beispiel das Modell eines Handelsbetriebes an, für den er zwei verschiedene arbeits- organisatorische Lösungen darstellt (vgl. OBERQUELLE 86, S. 156ff.). Im folgenden soll aus arbeitswissenschaftlicher Sicht dieser Ansatz hinterfragt werden (s. Kap. 3.3). Abschließend wird versucht, Lösungsmöglichkeiten aufzuzeigen, um den Ansatz um fehlende Aspekte zu erweitern.

4.1 Diskussion des Ansatzes von Oberquelle

4.1.1 Zur Stellung im Gestaltungsprozeß

Beim Einsatz des Modells von Oberquelle ist zunächst zu fragen, welche Funktion es innerhalb der Gestaltungsphasen einnimmt, d. h. wann es zuerst verwendet werden soll. Wird das Modell zur Darstellung des Soll-Konzeptes verwendet, indem mit seiner Hilfe bestimmte, für die Umsetzung in EDV-gestützte Lösungen bedeutsame, Aspekte abge- bildet werden, so ist der Einsatz des Modells nur abhängig von seiner Eignung, die relevanten Eigenschaften abzubilden. Bedingung ist allerdings, daß die Ergebnisse auf einer arbeitswissenschaftlich begründeten Untersuchung und Gestaltung des Arbeits- systems beruhen. Anders hingegen verhält es sich, wenn das Modell bereits in früheren Phasen verwendet wird, um Ergebnisse der Ist-Analyse oder Gestaltungsentwürfe des zu- künftigen Systems abzubilden. In diesem Fall ist zu überprüfen, ob alle relevanten Größen durch das Modell wiedergegeben werden können (s. Kap. 3.1).

4.1.2 Zum Aussagenbereich der Darstellung

Wenn der Gestaltung ein ganzheitliches Konzept zu Grunde liegt (s. Kap. 3), bei dem Humanisierungs- und Leistungsziele gleichzeitig verfolgt werden, ergeben sich daraus

Anforderungen an den Abbildungsbereich von Modellen zur Gestaltungsunterstützung. Auf die allgemeinen Gestaltungsziele eines fortschrittlichen Ansatzes wurde bereits in Kap. 3 eingegangen. Oberquelle selbst sagt, bezogen auf das Beispiel des Handelsbetriebes zum Abbildungsbereich: „Die Beschreibungen sind gleichwohl unvollständig. Sie erfassen nur einen Teil der Beziehungen zwischen den beteiligten Rollenträgern (siehe OBERQUELLE 86, S. 261)." In diesem Zusammenhang schreibt Keil-Slawik über den Einsatz von Aufgabennetzen zur Systemgestaltung: „... ist es wichtig darauf hinzuweisen, daß das Ausdrucksrepertoire der Aufgabennetze beschränkt ist und nicht alle für das menschliche Arbeitshandeln wesentlichen Aspekte modelliert werden können. Arbeitsabläufe werden letztendlich auf Bearbeitungszustände von Objekten zurückgeführt (siehe KEIL-SLAWIK 69, S. 126)." Der Autor kommt zu folgendem Schluß: „Für eine arbeitswissenschaftliche Analyse bieten solche Modelle zwar Anknüpfungspunkte aber keine ausreichende Grundlage. Sie können die Aufgabengestaltung nach arbeitswissenschaftlichen Kriterien nicht ersetzen, wohl aber helfen, das Ergebnis zu dokumentieren (siehe KEIL-SLAWIK 69, S. 126)."

Im folgenden soll auf wesentliche Kriterien eingegangen werden, die aus Sicht eines ganzheitlichen Gestaltungsansatzes unverzichtbarer Bestandteil der Aufgabengestaltung sein müssen. Es soll gezeigt werden, inwiefern das Modell unvollständig ist und welche Schwächen sich daraus bei einem Einsatz des Modells in frühen Phasen der Aufgabengestaltung ergeben. Dabei schließen sich die Ausführungen an die Auffassung Keil-Slawiks an, daß Aufgabennetze einen fruchtbaren Ansatzpunkt bieten: „Aufgabennetze erfüllen die Funktion, Aspekte aus Benutzersicht zu beschreiben und sie mit der vom Hersteller entwickelten Sicht zu verbinden. Das beinhaltet sowohl eine Öffnung der Softwaretechnik für Ansätze und Verfahren, die auf die Gestaltung persönlichkeitsförderlicher Arbeitsplätze zielen, als auch eine effektive und praktisch handhabbare Unterstützung des weiteren Entwicklungsprozesses (siehe KEIL-SLAWIK 69, S. 131)."

4.1.2.1 Hierarchisch-sequentielle Struktur von Tätigkeiten

OBERQUELLE unterscheidet zwischen „primären" und „sekundären" Rollen (vgl. OBERQUELLE 86, S. 24). Während erstere mit der Durchführung befaßt sind, haben letztere die Aufgabe, die primären Rollen zu organisieren. Oberquelle nimmt an, daß „im Prinzip [...] Rollen auf vielen Stufen möglich [sind]", und sieht darin die Grundlage für die arbeitsteilige Organisation. Die Übernahme von sekundären Aufgaben durch primäre Rollenträger im Rahmen der Reorganisation ihrer Rollen sieht der Autor als Kennzeichen des Konzepts der kooperativen Rollenentwicklung (vgl. Oberquelle 86, S. 38)[1] Sie korrespondiert mit der dynamischen Arbeitsgestaltung nach Ulich (s. Kap. 3.2). Benötigt wird daher eine Analyse und Klassifikation der verschiedenen Ebenen von Aufgaben in einer Organisationseinheit.

Die Handlungsregulationstheorie (HRT) beschreibt einen solchen Ansatz (Kap. 3.5). Nach HACKER weist das menschliche Arbeitshandeln eine hierarchisch-sequentielle Struktur auf (vgl. HACKER 38, S. 133ff.). Dabei beinhalten Aktivitäten Unterprogramme, definieren für diese Ziele und können ihrerseits wiederum in übergeordnete Aktivitäten eingebettet sein. Bei der Realisierung von Handlungsprogrammen werden Handlungen aufeinanderfolgend (sequentiell) umgesetzt. HACKER sieht diese Struktur auch über das Individuum hinaus: „Die bis jetzt für die individuelle Arbeitstätigkeit dargestellte sequentiell-hierarchische Struktur gilt sinngemäß auch für Tätigkeiten von Gruppen und umfassenderen organisatorischen Einheiten (vgl. HACKER 38, S. 137)." Am Beispiel des Handelsbetriebes in Oberquelle (vgl. OBERQUELLE 86, S. 256ff.) zeigt Abb. 12 eine hierarchische Teilstruktur als mögliches Ergebnis einer Ist-Analyse. Die Punkte neben den Kästchen stehen für weitere, hier nicht abgebildete Elemente des Gesamtbaumes.

Auf der Ordinate ist der Abstraktionsgrad der Beschreibung abzulesen. Er reicht von groben Tätigkeitskomplexen „Verkauf" bis hin zu konkreten elementaren Handlungen z. B. „Lieferung quittieren". Auf der Abszisse ist der Gesamtumfang aller anfallenden Tätigkeiten zu sehen. Auf der Abstraktionsdimension werden bestimmte Klassen gegeneinander abgegrenzt, die in psychischer Hinsicht verschiedene Beschreibungsebenen menschlichen Handelns darstellen.

Die HRT stellt einen Ansatz dar, komplexe menschliche Tätigkeiten zu gliedern und begrifflich zu fassen. Im folgenden soll die Klassifikation, die bereits in Kapitel 4.2 dargestellt wurde, am Beispiel des Handelsbetriebes von Oberquelle verdeutlicht werden (vgl. Abb. 12).

Eine im Rahmen der Aufgabenerfüllung zu verrichtende Tätigkeit im Handelsbetrieb sei die der „Lagerung". Diese umfaßt eine Reihe von Arbeitsaufgaben, die im Gesamt die Tätigkeit konstituieren. Eine dieser Arbeitsaufgaben sei das „Einlagern". Ein logisch-zeitlicher Schritt in der Sequenz des Einlagerns stellt das „Annehmen einer Lieferung" dar, die daher als Arbeitseinheit identifiziert wird. Ein darunterliegendes Handlungselement ist „Mengenangaben vergleichen".

---

[1]   Ebenda, S. 38.

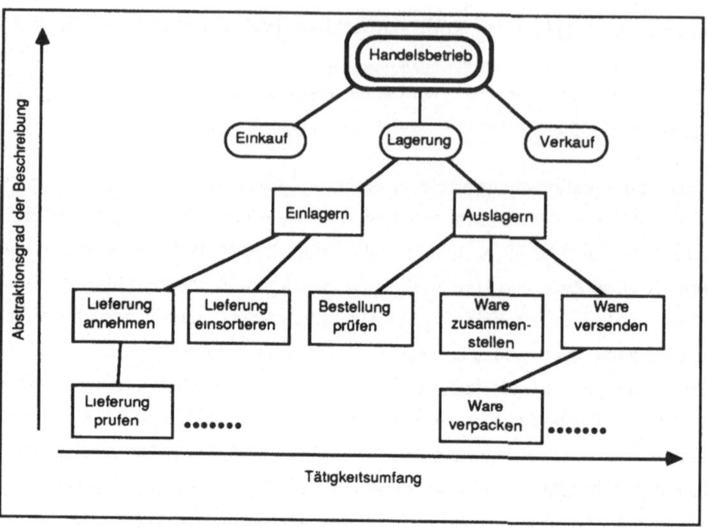

Abb. 12:   Hierarchische Struktur des Handelsbetriebes

Für die Arbeit mit Aufgabennetzen bedeutet dies, daß die hierarchische Struktur menschlicher Arbeitstätigkeiten berücksichtigt werden muß. Dies ist insbesondere notwendig, um die, für die eigentliche Aufgabengestaltung wesentlichen, Arbeitsaufgaben zu identifizieren und abzubilden. Die Forderung nach hierarchisch-sequentiell vollständigen Handlungen als Merkmal persönlichkeitsförderlicher Arbeit ist damit unmittelbar verbunden: „Die wichtigste zusammenfassende Kennzeichnungsmöglichkeit der psychischen Struktur von Arbeitstätigkeiten im Hinblick auf ihre Auswirkungen in der Leistung, dem Erleben und den Belastungen ist die Vollständigkeit bzw. Unvollständigkeit der Tätigkeitsstruktur" (vgl. HACKER 38, S. 140; dazu auch VOLPERT 117, S. 21-46) (s. auch Kap. 3.3). Aussagen zu diesem Gestaltungsaspekt auf Grund von Aufgabennetzen setzen voraus, daß Informationen über die hierarchisch-sequentielle Einbettung der einzelnen Aufgaben (Funktionen) vorliegen. Nur dann ist es möglich, Aussagen zu treffen über:

- den Tätigkeitsumfang von Rollen,

- die Art der Aufgaben für eine bestimmte Rolle und

- die Möglichkeiten für Veränderungen eines bestehenden Funktionsumfangs hin zur Vollständigkeit von Handlungen.

4.1.2.2 Regulationsniveau von Handlungen

Am Beispiel des Handelsbetriebes spielt Oberquelle zwei arbeitsorganisatorische Lösungen durch und bildet diese in Aufgabennetzen ab (vgl. OBERQUELLE 86, S. 156ff.). Der Rolle „Verkäufer" wird die Funktion „ausplanen" zugeordnet, der Rolle „Lagerarbeiter" die komplexe Funktion „auslagern und verpacken" (im folgenden als „auslagern" bezeichnet). Einen Ausschnitt aus dem entsprechenden Aufgabennetz zeigt Abb. 13.

Aus dem oben Gesagten ist ersichtlich, daß diese Funktionen möglicherweise verschiedene Arten von Aktivitäten darstellen, sich also, in der Sprache der Handlungsregulationstheorie, im Regulationsniveau unterscheiden. Die Ebene der Regulation einer

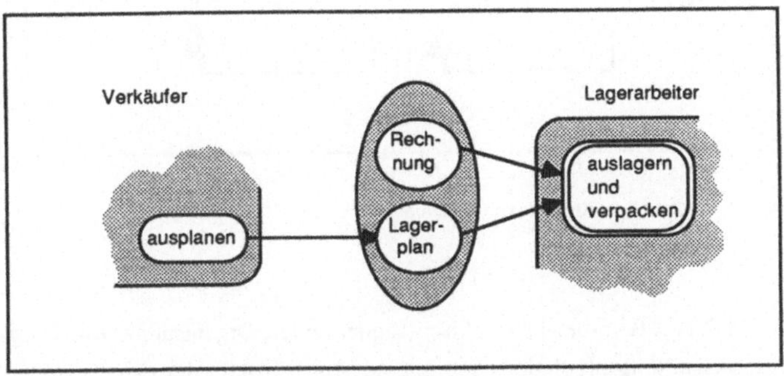

Abb. 13:   Detail des Aufgabennetzes in Oberquelle (vgl. Oberquelle 86, S. 258).

Handlung gibt an, auf welchem kognitiven Niveau sie vom Handelnden gesteuert („reguliert") wird. Die Kenntnis des jeweiligen Niveaus ist wichtig für Aussagen über die geistige Beanspruchung und das notwendige Qualifikationsniveau des Ausführenden und natürlich für die Vollständigkeit der Arbeitstätigkeit. So kann es im angeführten Beispiel so sein, daß die Funktion „ausplanen" die Planung und Kontrolle des „auslagerns" umfaßt und damit beim „auslagern" nur noch die tatsächliche manuelle Durchführung verbleibt (es sich also i. S. von Oberquelle um jeweils rein primäre und sekundäre Rollen handelt (vgl. OBERQUELLE 86, S. 24)). Ob das so ist, ist aber aus dem Aufgabennetz an sich nicht ersichtlich. An dieser Stelle im Gestaltungsprozeß ist es notwendig, spezielle Verfahren einzusetzen, die es erlauben, Aussagen zum jeweiligen Regulationsniveau zu treffen, um auch anspruchsvolle Tätigkeiten gestalten zu können. Verfahren dieser Art liegen vor oder sind, für den Bereich der geistigen Arbeit, in der Entwicklung (s. Kap. 3.4.1).

4.1.2.3 Zyklische Struktur von Handlungen

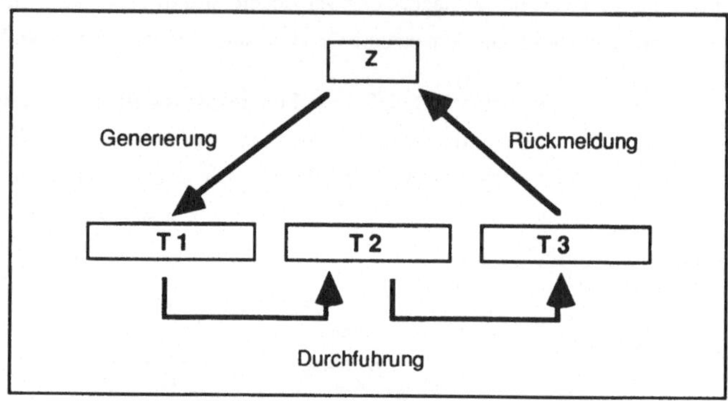

Abb. 14:   Zyklische Struktur von Handlungen

Neben der Makrostruktur der hierarchisch-sequentiellen Organisation von Tätigkeiten postuliert die Handlungsregulationstheorie eine Mikrostruktur der einzelnen Handlung (vgl. VOLPERT 118). Abb. 14 gibt diese Struktur schematisch wieder.

Als elementare Bausteine menschlichen Handelns werden zyklische Einheiten angesehen, die nach dem Prinzip des Regelkreises aufgebaut sind. Ausgehend von einem Ziel (Z) werden Ketten von Aktionen (T1...T2...T3) durchgeführt, deren Ergebnis anschließend zurückgemeldet wird, um mit dem angestrebten Ziel verglichen zu werden. Bezogen auf menschliche Arbeitstätigkeit bedeutet dies, daß zur exakten Bestimmung einer Handlung zumindest drei Informationen notwendig sind:
- Die Zielinformation. Diese wird in der Arbeitstätigkeit in der Regel in einem Arbeitsauftrag bestehen und dem Handelnden mitgeteilt werden.
- Die Weginformation. Diese beschreibt die auszuführenden Aktionen und kann entweder Teil des Arbeitsauftrags sein, oder aber im Ermessen des Ausführenden liegen.

- Die Kontrolle. Diese kann bestehen in der vollständigen Ziel- und Wegkontrolle durch den Auftraggeber oder in der einfachen Meldung der Zielerreichung durch den Ausführenden.

Die Kenntnis dieser Größen ist unverzichtbar für die Bestimmung des Tätigkeitsspielraums des Ausführenden. Die Bedeutung dieser Aussage soll am Beispiel des Ausschnitts aus dem Aufgabennetz „Handelsbetrieb" in Abb. 13 verdeutlicht werden. Offensichtlich transportieren die Objekte „Rechnung" und „Lagerplan" Informationen für die Rolle „Lagerarbeiter". Das Objekt Rechnung gibt das Ziel des Arbeitsauftrags an: den Versand einer bestimmten Art und Menge von Ware an eine bestimmte Person. Der Lagerplan beschreibt zusätzlich den Arbeitsauftrag in Form einer Weginformation indem er angibt, an welchem Ort die zu versendende Ware lagert. Es ist aber nicht klar, welche Informationen der Lagerplan genau enthält: im Extremfall könnte sogar der vom Lagerarbeiter zurückzulegende Weg, der notwendig ist, um die Lieferung zusammenzustellen, exakt vorbestimmt sein. Über den zurückführenden Kontrollweg ist überhaupt nichts ausgesagt, so daß es nicht möglich ist, die Art der Kontrolle der Funktion „auslagern" zu bestimmten (sieht man von der Möglichkeit ab, daß dies nur über Reklamationen geschieht).

Versteht man den Tätigkeitsspielraum als den Kristallisationspunkt für persönlichkeitsförderliche Arbeitsaufgaben (vgl. HEEG 51; Kap. 3.4) (s. Kap. 3.4), so ist diese Darstellung für arbeitsgestalterische Zwecke unterbestimmt. Notwendig wäre hingegen, den Charakter der Informationen des Arbeitsauftrags zu beschreiben (Ziel- und Weginformation), sowie anzugeben, welche Freiräume (Freiheitsgrade) dem Ausführenden verbleiben. Zusätzlich ist die Art der Kontrolle anzugeben (Ziel- und/oder Wegkontrolle). Die hier vertretene Auffassung des Tätigkeitsspielraums geht über die Vorstellung von Oberquelle deutlich hinaus. Dort heißt es: „Personen können über alternativ mögliche Handlungen im Rollenkontext entscheiden. Solche Alternativen bilden den Entscheidungsspielraum" (siehe OBERQUELLE 86, S. 20).

4.2 Lösungsansätze

Bezogen auf die dargestellten Kritikpunkte sollen Lösungsansätze formuliert werden, die, aufbauend auf der Darstellungsform der Aufgabennetze, für die ganzheitliche Arbeitsgestaltung bedeutsame Bereiche einschließen.

4.2.1 Einordnung in den Gestaltungsprozeß

Es ist offensichtlich, daß das von Oberquelle vorgestellte Modell in der vorliegenden Form kaum geeignet ist, zu einem frühen Zeitpunkt im Gestaltungsprozeß eingesetzt zu werden. Die Darstellung der Ist-Analyse-Ergebnisse sind mit diesem Sprachkonzept nur unvollständig wiederzugeben, der Gestaltungsprozeß selbst kann nur unzureichend unterstützt werden. Dies ist besonders der Fall, wenn Mitarbeiterbeteiligung („kooperative Rollenentwicklung" i. S. von Oberquelle (siehe OBERQUELLE 86, S. 20)) angestrebt wird. Soll das Verfahren dennoch eingesetzt werden, ist es entweder mit anderen Verfahren abzustützen und kritisch zu reflektieren oder aber es wird versucht, die fehlenden Elemente zu ergänzen, um den Abbildungsbereich des Sprachkonzepts zu erhöhen.

4.2.2 Erweiterung des Aussagenbereiches

4.2.2.1 Allgemeiner Ansatz

Die Vorgehensweise bei Analyse und Gestaltung ist in Abbildung 15 dargestellt.

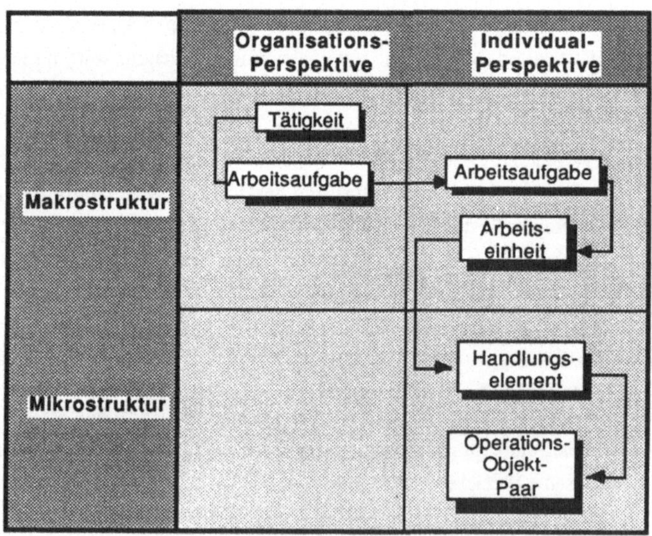

Abb. 15:   Vorgehen bei der Analyse

Die Gesamtaufgabe der Organisationseinheit wird zunächst als hierarchische Struktur beschrieben. Diese Darstellung erfolgt aus der Perspektive der Organisation, in dem sie von den übergeordneten Zielen der Organisation ausgeht und diese bis auf die Ebene der einzelnen Arbeitseinheit auflöst. Die Ebene der Arbeitsaufgaben zeichnet sich dadurch aus, daß sie aus einer dualen Perspektive betrachtet wird, d. h. hier werden gleichrangig die Organisations- und die Individualperspektive verwendet.

Dies verweist auf die besondere Stellung der Arbeitsaufgabe als Nahtstelle zwischen Organisation und Individuum (s. Kap. 3.3.1). Die Arbeitseinheit bildet die erste Beschreibungsebene in der Individualperspektive. In dieser Perspektive wird das handelnde Individuum in das Zentrum gerückt, indem die spezifischen (individuellen) Voraussetzungen für und die Ausführungen von Arbeitseinheiten analysiert werden. Damit ist die Makrostruktur beschrieben.

Beim Übergang von der Makro- zur Mikrostruktur werden die einzelnen Handlungselemente, für die Freiheitsgrade im technischen System zu realisieren sind, Gegenstand der Betrachtung. Bei der Betrachtung der Mikrostruktur werden die Freiheitsgrade innerhalb der zyklischen Struktur der Handlung, also für Ziel, Weg und Kontrolle, akzentuiert. Bei der Entscheidung, wie fein die Auflösung der einzelnen Arbeitseinheit zu sein hat, sollten zwei Argumente berücksichtigt werden:

1. Die Ebene der Arbeitseinheit kann als letzte EDV-unabhängig beschrieben werden. Dies bedeutet, daß eine sehr viel weitergehendere Zergliederung sich zu weit von den technischen Möglichkeiten und Grenzen einer EDV-Unterstützung lösen würde.

2. Handlungen stellen in ihrer Position als „kleinste psychologische Einheit" in den meisten Fällen die unterste Ebene dar, auf der Menschen miteinander über ihre Tätigkeiten kommunizieren. Eine feinere Unterteilung läuft Gefahr, entweder keine Ergebnisse zu erhalten (z. B. weil die darunterliegenden Ebenen automatisiert und daher nicht notwendigerweise bewußt reguliert werden), oder sogar falsche Ergebnisse zu riskieren (z. B. weil solche nichtbewußten Handlungsanteile in der Befragung „ergänzt" werden). Diese Tatsache stellt eine „psychologische Grenze" der Datengewinnung in der Analyse dar.

Die Ableitung von Operations-Objekt-Paaren (Kap. 5.1) aus Handlungselementen als letzte Analyse- und Gestaltungsebene der Tätigkeit dient unmittelbar als Basis der EDV-technischen Umsetzung. Diese letzte Stufe stellt also keine abschließende Ebene der Tätigkeitsgliederung dar.

Dieses Vorgehen ist in Abbildung 16 anhand des oben angeführten Beispiels des Handelsbetriebes im Überblick dargestellt.

Es zielt auf die Gestaltung von hierarchisch und zyklisch vollständigen Handlungen (vgl. HACKER 38, S. 162ff.). Sequentiell vollständig bedeutet hier konkret das Durchlaufen der Handlungszyklen Vornahme, Planung, Ausführung und Kontrolle.

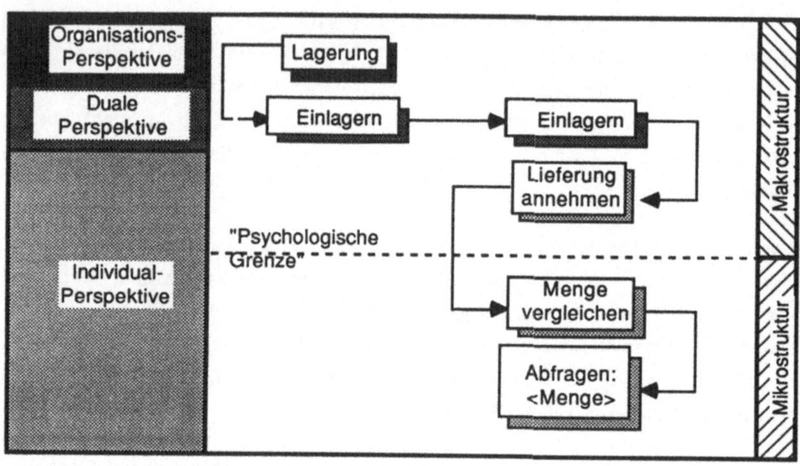

Abb. 16:   Analyseschritte am Beispiel des Handelsbetriebes

4.2.2.2 Berücksichtigung des Regulationsniveaus von Handlungen

Werden die identifizierten Handlungen nach ihren jeweiligen Regulationsanforderungen zumindest grob eingeteilt, so ist es möglich, die verschiedenen Handlungen auf den entsprechenden Ebenen anzusiedeln. Abb. 17 zeigt dies am Beispiel des Zusammenhangs zwischen „ausplanen" und „auslagern" (s. a. Abb. 13).

Die Beziehung zwischen den dargestellten Funktionen ist qualitativ verschieden von denen zwischen nebeneinander (auf der gleichen Ebene) liegenden Funktionen, indem im vorliegenden Fall das Ausplanen nur möglich ist, wenn beim Handelnden irgendeine Art von Kenntnis über den tatsächlichen Prozeß des Auslagerns besteht. Resch legt mit seinem Konzept der „Referenzhandlungsfelder" einen Ansatz vor, der diese spezifische

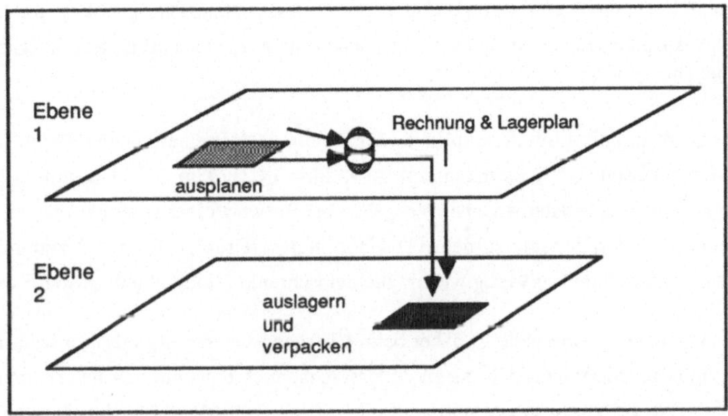

Abb. 17:   Handlungsebenen

Art von Beziehung zwischen Handlungen in den Mittelpunkt der Betrachtung rückt (vgl.
RESCH 94).

Zusätzlich zu der Einteilung nach Ebenen können die einzelnen Tätigkeiten in der Analyse
nach psychologischen Kriterien inhaltlich klassifiziert werden. Beispielsweise können die
verschiedenen Handlungen den theoretischen Handlungsphasen zugeordnet werden. Die
Kenntnis der Verteilung von Orientierungs-, Planungs-, Ausführungs- und Kontroll-
prozessen (vgl. HACKER 38) auf die vorhandenen Rollen kann dazu dienen, die
Herstellung vollständiger Handlungen zu erleichtern.

4.2.2.3 Berücksichtigung der zyklischen Struktur von Handlungen

Wurde im vorigen Abschnitt durch die Einbeziehung der Regulationsniveaus ein Weg
beschrieben, eine anspruchsvolle Gesamtaufgabe zu formulieren, so stellt sich nun die
Frage nach der Gestaltung der rechnergestützten Handlungen.

„Raum (vgl. RAUM 91, S. 52-57) konnte zeigen: Sofern eine anspruchsvolle Hauptaufgabe zu erfüllen ist, so bevorzugen Ungeübte und Experten vereinfachte und durch-
schaubare Dialoge, die ihnen aber das individuelle Modifizieren der eigentlichen Aufgabenbearbeitung ermöglichen, gegenüber anspruchsvollen und schwieriger durchschau-

baren Dialogen, die für die Hauptaufgabe wenig geistige Kapazität belassen. Der Grund dieser Bevorzugung ist die eingehendere Auseinandersetzungsmöglichkeit mit der eigentlichen Aufgabe. Es sei wiederholt: Das setzt eine anspruchsvolle Hauptaufgabe voraus (siehe HACKER 39)."

Dies korrespondiert mit der expliziten Forderung nach Freiheitsgraden (Kap. 3.5) sowie den Ergebnissen von Ackermann (vgl. ACKERMANN 2) (Kap. 3.5.1). Somit stellt sich die Frage nach einem systematischen Vorgehen bei Entwurf einer Dialoggrammatik, die den Aufbau und den Einsatz subjektiver Handlungsspielräume fördert („vereinfacht und durchschaubar") und so wenig wie möglich einschränkt („individuelles Modifizieren").

Der Ansatz von Oberquelle ist daher beim Übergang von der organisationszentrierten zur individualzentrierten Gestaltung zu verlassen, da auch er es nur erlaubt, alternative, aber in sich fixe Handlungspfade zu beschreiben (vgl. OBERQUELLE 86). Der konzeptuelle Entwurf wird nicht unterstützt. Lediglich sein Ergebnis in Form einer hoch auflösenden Darstellung der programmtechnischen Realisierung aller EDV-Operationen kann abgebildet werden (vgl. OBERQUELLE 86). Der damit verbundene Aufwand wird jedoch von Keil-Slawik als unnötig hoch betrachtet (KEIL-SLAWIK 69).

So lassen sich an dieser Stelle anhand der zyklischen Struktur des Handelns nur grundsätzliche Anforderungen an die technische Unterstützung von Tätigkeiten formulieren. Ihre Berücksichtigung muß in einem noch zu entwickelnden Entwurfsverfahren erfolgen.

Eine Tätigkeit kann in verschiedenen Ausmaßen EDV-technisch unterstützt bzw. automatisiert werden. Dazu müssen zunächst die einzelnen Handlungselemente identifiziert und beschrieben werden. Es war gesagt worden, daß alle Aktionen eine zyklische Mikrostruktur aufweisen. Für eine Automatisierung kommt der ausführende Teil dieser Struktur in Betracht. Die Zielbildung und Kontrolle verbleibt beim Menschen. Hieraus folgt:

1. Die Unterstützung sollte so erfolgen, daß der Zielbildungsprozeß beim Menschen möglichst unbeeinflußt bleibt, d. h., die Ausführung richtet sich nach dem Ziel, nicht umgekehrt. Dies entspricht im Sinne des „concept driven user" (s. Kap. 3) der Forderung nach persönlichkeitsförderlicher Arbeit. Die Zielbildung enthält zumindest die Ziel- und die Weginformation für die auszuführende Aktion. Die Weginformation ergibt den Plan der Aktion. In dem Maße, wie die Unterstützungsfunktion es erlaubt, verschiedene Pläne zu realisieren, d. h. verschiedene Wege zu gehen, werden dem Menschen Freiheitsgrade erhalten oder vielleicht erstmals zur Verfügung gestellt.

2.   Die Kontrolle verbleibt ebenfalls beim Menschen. Dies ist notwendig, um das Bewußtsein der Verantwortung für das Arbeitsergebnis zu sichern. Dies kann im einfachsten Fall durch Eingabe eines expliziten Kommandos nach einer Operationssequenz geschehen (z. B. durch Anklicken eines „OK"-Feldes in der direktmanipulativen Interaktion). Eine andere Form der Kontrolle stellt die „undo"-Funktion dar, die es erlaubt, das Ergebnis einer Operation in einem Schritt rückgängig zu machen.

3.   Es sollten diejenigen ausführenden Teile einer Tätigkeit automatisiert werden, die monoton, repetitiv und belastend sind und an sich schon keine Varianz aufweisen (d. h. über keinerlei Freiheitsgrade verfügen).

4.   Dazu kommen die Teile, die erfahrungsgemäß den kognitiven Apparat des Menschen in der einen oder anderen Weise überfordern wie z. B. umfangreiche Berechnungen oder hohe Belastungen des Arbeitsgedächtnisses.

4.3 Fazit

Die vorgeschlagenen Ergänzungen zum Ansatz von OBERQUELLE leisten einen Beitrag zu einem ganzheitlichen Gestaltungskonzept. Die Einbeziehung handlungsregulationstheoretischer Konzepte schafft eine klarere Strukturierung des gestaltenden Bereichs und gibt Analyse- und Bewertungskriterien an die Hand. Dieser Ansatz ist kompatibel mit der Forderung nach kooperativer bzw. einer dynamischen Arbeitsgestaltung (s. Kap. 3.2) bei der Rollenentwicklung, da die Tätigkeit des handelnden Menschen im Mittelpunkt der Betrachtung steht.

Es muß allerdings zugestanden werden, daß die eingangs gestellte Forderung nach Verständlichkeit und begrenzter Komplexität von Modellen damit eingeschränkt wird. Eine Möglichkeit hier Abhilfe zu schaffen wäre, das Modell mit Hilfe eines CASE-Tools rechnergestützt zu erstellen. In diesem Fall ließen sich verschiedene Ansichten generieren (Darstellung der Ebenen), sowie Hintergrundinformationen zu Datenobjekten ablegen (Regulationsniveau, hierarchische Position, zyklische Struktur, Klassifikation nach Inhalt). Die Ausführungen im folgenden Kapitel 5 beziehen sich u. a. auf eine manuelle Anwendung dieses Gestaltungskonzeptes.

Bei der nutzerzentrierten Gestaltung auf der Ebene der Mikrostruktur (Abb. 15) ist ein systematisches Vorgehen beim Entwurf einer Dialoggrammatik erforderlich, das strukturell auf die Gewinnung von Freiheitsgraden ausgelegt ist und gleichzeitig die Möglichkeit bietet, weitere Gestaltungsziele aufzunehmen und ihre Umsetzung abzusichern (Kap. 3.2.3). Der konzeptuelle Entwurf unterstützt dies.

5 Arbeitswissenschaftlich begründeter Software-Entwurf

5.1 Analyse- und Entwurfsmethoden

Jedem Softwareentwurf muß eine eingehende Beschreibung der normativen, vom Arbeitssystem zu lösenden, Arbeitsaufgabe vorangehen. Die kognitive Repräsentation der Aufgabe und die individuellen Formen ihrer Bewältigung sind in diesem Rahmen zunächst nicht von Belang, obwohl die Analysemethode unter Umständen auf eine Untersuchung wesentlicher Konstrukte und deren Repräsentation zurückgreifen muß. Art und Umfang der normativen Aufgabe sind in den einzelnen Arbeitsbereichen unterschiedlich präzise, selten jedoch tatsächlich vollständig beschrieben. Aus diesem Grunde ist eine eingehende Analyse, die auch die Vorstellungen des jeweiligen Stelleninhabers von seiner Aufgabe regelmäßig mit einbeziehen muß, um insbesondere informelle Teile zu ermitteln, in aller Regel notwendig.

Das Softwareengineering stellt eine Fülle von an dieser Stelle einsetzbaren Methoden zur Verfügung, die hier nicht alle vorgestellt werden können. Stattdessen werden über eine Klassifizierung der Methoden wesentliche Beispiele dargestellt. Es wird nach analyseorientierten und entwurfsorientierten Entwurfsverfahren unterschieden. Beispiele für analyseorientierte sind STEPS[1] (vgl. KEIL-SLAWIK 69, S. 123-133; FLOYD 22) oder KSA[2] (vgl. KRALLMANN 74), Beispiele für entwurfsorientierte SADT[3] (vgl. OBERQUELLE 86), TAG[4] (vgl. PAYNE, GREEN 88, S. 202-206), CCT[5] (vgl. KIERAS, POLSON 70, S. 365-394) oder PAD[6] (vgl. KEANE, JOHNSON 68, S. 133-146), wobei die entwurfsorientierten Verfahren in funktionale und objektorientierte unterschieden werden.

Kennzeichnend für analyseorientierte Verfahren ist, daß aus Beobachtungen und Erhebungen des Ist-Zustandes ein Systementwurf abgeleitet wird, der diesen modellhaft im System abbildet. Entwurfsorientierte Verfahren zielen dagegen von Anfang an darauf ab, durch eine zunehmende Spezifizierung der im System wahrzunehmenden Funktionen zu einem vom bisherigen weitgehend unabhängigen Systementwurf zu gelangen, wodurch gleichzeitig eine Neugestaltung der Arbeitsorganisation erfolgt. Im Normalfall erfolgt der

---

[1] STEPS   - Softwaretechnik für evolutionäre partizipative Systemgestaltung
[2] KSA   - Kommunikationsstrukturanalyse
[3] SADT   - Structured Analysis and Design Technique
[4] TAG   - Task Action Grammar
[5] CCT   - Cognitive Complexity Theory
[6] PAD   - Preliminary Analysis for Design

Designprozeß über eine Top-Down-Strategie, die bei Anwendung funktionaler Methoden zu hierarchisch vielfach untergliederten Strukturen gelangt. In der verbreiteten Structured Analysis and Design Technique (SADT) beispielsweise wird von der globalen Aktivität auf der obersten Ebene aus hierarchisch verfeinert. Jede Aktivität wird auf diesem Weg durch einen Namen, Ein-, Ausgabe- und Steuerungsdaten sowie die ausführenden Prozessoren beschrieben. Dazu dient eine grafische Methode, mit der die einzelnen Komponenten auf eine definierte Weise dargestellt werden.

Die hierarchische Gliederung beim funktionalen Entwurf führt in vielen Fällen dazu, daß diese Gliederung dem Nutzer auch auf der Nutzeroberfläche präsentiert wird. Typische Realisierungen stellen die verbreiteten Menüstrukturen in Verbindung mit fest formatierten Masken dar. Für einige stark formalisierbare Aufgaben erscheint diese Entwurfstechnik auch angemessen, den Anforderungen bei flexiblen Aufgabenstellungen und individuellen Unterschieden genügt sie jedoch nicht.

Eine arbeitswissenschaftliche Gestaltung flexibler, vernetzter Arbeitsplätze erfordert dagegen die Anwendung handlungstheoretisch begründeter Methoden auch im Software-Engineering-Prozeß. Von besonderer Bedeutung bleiben hierbei zwar die ersten Schritte der Aufgabenanalyse und -gestaltung; diese muß allerdings über eine einfache Abbildung des Ist-Zustandes unter Vermeidung von Schwachstellen hinausgehen. Dabei ist vom Verständnis des Menschen als Rollenträger auszugehen, der als solcher mehrere Funktionen wahrnimmt, aber auch die Rolle bei Bedarf wechselt (vgl. KEANE, JOHNSON 68, S. 135). Diese Sichtweise korrespondiert mit der der dynamisch-differentiellen Aufgabengestaltung. Es muß daher über einen strukturell-funktionalen Ansatz hinausgegangen werden, indem Kooperations- und Regulationsanforderungen des Menschen berücksichtigt werden, der berufliche Situationen flexibel bewältigen muß (vgl. Kap 3).

Hierfür sind Freiheitsgrade in der Softwarenutzung zu schaffen. Dies wird von den konzeptuellen (entwurfsorientierten) Verfahren, die ihren Ursprung in der Entwicklung von Programmiersprachen haben, unterstützt. Dabei werden die zu implementierenden Anwendungen nach statischen und dynamischen Eigenschaften sowie deren Integritätsbedingungen beschrieben.

Die statischen Eigenschaften beschreiben Objekte, deren Attribute und Beziehungen. Die dynamischen Eigenschaften erklären die Operationen auf den Objekten, deren Merkmale, Fähigkeiten sowie deren Beziehungen.

Für eine aufgabenangemessene Systemgestaltung müssen zunächst Objekte auf einem den Anforderungen genügenden Abstraktionsniveau definiert werden. Die gleiche Forderung gilt für die Festlegung der Operationen, die auf den Objekten verfügbar werden (vgl. ZIEGLER 125, S. 240). Erfüllbar wird diese Forderung durch Spezialisierung universaler Objekte und deren Operationen auf eine bestimmte Aufgabenstellung. Hierbei entstehen allerdings aus einem Grundobjekt eine Vielzahl von Spezifikationen, die für den Nutzer weniger überschaubar und schwieriger erlernbar werden.

Methoden zur systematischen Unterstützung eines benutzerorientierten Entwurfs von Objekten und Operationen sind bislang noch nicht vollständig entwickelt. Die bislang verfügbaren Instrumente umfassen nicht den vollständigen Designprozeß sondern lediglich wesentliche Abschnitte des gesamten Entwicklungszyklus (vgl. KEANE, JOHNSON 68, S: 133).

Während bestimmte Instrumente (vgl. JOHNSON U. A. 67) insbesondere die Aufgabenanalyse unterstützen, sind andere wie CLG[1] (vgl. MORAN 82, S. 365-375) auf den Entwurf der Objekte ausgerichtet. Die deutlichste Lücke in den Instrumenten befindet sich an der Stelle des Designprozesses, an der es gilt, die identifizierten und beschriebenen Aufgaben eines existierenden Systems in eine nach Nützlichkeit und Benutzbarkeit ausgewogene Welt von definierten Objekten zu überführen.

Ein Ansatz hierzu stellt das Preliminary Analysis for Design (vgl. KEANE, JOHNSON 68, S. 134) (PAD) dar, welches in drei Schritten abläuft:
- Aus der Realsituation wird eine repräsentative Aufgabenmenge abgeleitet, die zu analysieren ist und aus der ein vollständiger Satz an Objekten und darauf bezogenen Operationen gewonnen wird.
- Ein Generalisierungsprozeß hat die Aufgabe, hieraus möglichst allgemeingültige, der Technik adäquate Objekte zu definieren und in Elemente eines „generalised task model - GTM" zu überführen.
- Die generalisierten Elemente des GTM werden im Sinne eines Optimierungsvorgangs so organisiert, daß eine sinnvolle Aufgabenbewältigung entsteht. Damit entsteht aus dem abgeleiteten GTM das angestrebte „General Designed Model - GDM".

Dieser letzte Schritt wird von PAD methodisch nur unzureichend unterstützt. Zwar werden einige Heuristiken formuliert (vgl. KEANE, JOHNSON 68, S. 143), diese sind jedoch unvollständig sowie weder theoretisch geschlossen begründet noch empirisch belegt sondern folgen im wesentlichen den Erfahrungen der Autoren.

---

[1] CLG   - Command Language Grammar

Einen Versuch, sich dem Abstimmungsproblem methodisch zu nähern und damit „aus der Kunst der Benutzerschnittstellengestaltung eine systematische Methodik zu machen" (vgl. ZIEGLER 125, S. 242) stellen die Kognitiven Aufgabenanalysen dar. Hier wird nicht so sehr die reale Aufgabe in den Mittelpunkt der Untersuchungen gerückt, sondern deren mentale Repräsentation beim betroffenen Mitarbeiter. Die Methoden haben zunächst die Aufgabe, bestehende Nutzerschnittstellen bei EDV-Systemen zu evaluieren und bezüglich der Benutzbarkeit einer Schnittstelle zu Meßgrößen zu gelangen. In weiterführenden Arbeiten wird eine Entwicklung erhofft, die über deskriptive Modelle hinaus zu Prädiktionsmodellen gelangt, mit denen Aussagen bereits für den Designprozeß gewonnen werden sollen. Bei der kognitiven Aufgabenanalyse werden reale Aufgaben als Handlungsziele aufgefaßt werden, die solange hierarchisch aufgegliedert werden, bis sie in beobachtbare Handlungsabläufe münden. Die vorliegenden Modelle wie Task Action Grammar (vgl. PAYNE, GREEN 88, S. 202-206) (TAG) oder Goals, Operators, Methods, Selection Rules (vgl. NEWELL, SIMON 85) (GOMS) berücksichtigen dabei in der Regel nur solche Aufgaben beziehungsweise Ziele, die nahe an Systemfunktionen liegen und nach wenigen Analyseschritten bereits auf einer ausführbaren Ebene angelangt sind. Zwar ist eine solche Vorgehensweise grundsätzlich nicht auf solche systemnahe Aufgaben beschränkt, jedoch erweist sich die Erfassung höherwertiger kognitiver Prozesse als zunehmend schwierig. Dazu tragen nicht nur die fehlenden Beobachtungsmöglichkeiten sondern vor allem auch die hohen individuellen Verschiedenheiten bei solchen Vorgängen bei.

Hier liegt auch der zentrale Kritikpunkt der kognitiven Aufgabenanalysen: Ein nach einem solchen Ansatz modelliertes System würde, ähnlich der tayloristischen Arbeitsgestaltung, zwangsläufig eine von den vorliegenden individuellen Unterschieden abstrahierende, idealtypische Implementation bewirken. Über den bei Taylor postulierten „one best way of working" hinaus folgt hier ein „one best way of thinking".

Die angeführten Überlegungen zur kognitiven Aufgabenanalyse machen deutlich, daß diese oder ähnliche Ansätze nicht zu einem sinnvollen Ergebnis führen können. Unabhängig davon, wie gut die angestrebte Restrukturierung der modellierten Aufgaben erfolgt beziehen sie sich immer nur auf den durchschnittlichen Handlungsablauf und auch nur auf den durchschnittlichen Nutzer. Damit kann weder die Passung noch die Kontrollierbarkeit der Software - und zwar sowohl bei der Funktionalität als auch bei der Benutzbarkeit - optimal werden (vgl. Kap. 2). Weiterhin wird auch das bereits beschriebene Problem des Passungsverlustes nicht lösbar. Diese Aussage wird auch durch die empirischen Arbeiten von Ackermann (vgl. ACKERMANN 1, S. 95-110; ACKERMANN 2; ACKERMANN 3, S. 253-276) belegt, der große Verschiedenheiten in den individuellen Anforderungen an die

Mensch-Computer Interaktion ebenso feststellte wie eine nicht allgemein meßbare Effizienz bezüglich bestimmter Dialogformen. Damit weisen die Arbeiten von Ackermann ebenso wie die obigen Überlegungen darauf hin, daß es sinnvoll erscheint, dem Nutzer elementare Operationen des objektiven Handlungsspielraum anzubieten, die von ihm selbst gemäß seines subjektiven Handlungsspielraums zu leistungsfähigen Operationen zusammengestellt werden können.

5.2 Verfahrensentwicklung

Für den konzeptuellen Entwurf eines Softwaresystems wird eine Beschreibungssprache (vgl. OBERQUELLE 86, S. 8ff.) benötigt, die es erlaubt, unter Berücksichtigung arbeitswissenschaftlicher Kriterien (vgl. Kap.3) ein projektives Modell der zu realisierenden Software zu entwerfen, das zugleich die Softwareentwicklung unterstützt (vgl. Kap. 4). Einen umfassenden Ansatz zur Beschreibung eines Zielsystems bis zur Ebene von Teilhandlungen (Kap. 4.2.1) stellen RFA-Netze (Oberquelle) (vgl. OBERQUELLE 86, S. 111) dar, jedoch gelten die in Kap. 4 beschriebenen Einschränkungen. Insbesondere die dabei über intra- und interindividuelle Unterschiede zwischen Nutzern abstrahierende Verfeinerung und Festlegung von funktionalen Abläufen sowie die geringe Eignung zur formalen Sicherstellung von Konsistenzbedingungen erfordern im Anschluß an den kooperativen und ganzheitlichen, aber aufgabenzentrierten, Entwurf (Kapitel 4) auf der Ebene der Teilhandlungen den Übergang auf eine formal konsistenzorientierte Beschreibungssprache, deren Einsatz flexibilitätsfördernd wirkt, um einen nutzerzentrierten konzeptuellen Entwurf zu unterstützen, der Freiheitsgrade für intra- und interindividuelle Unterschiede bei der Ausführungsregulation und situative Flexibilität gewährleistet.

Maximale Flexibilität liegt bei beliebigen Handlungs-Gegenstands-Kombinationen vor. Dies ist weder sachlogisch noch technisch realisierbar. Eine flexibilitätsfördernde Beschreibungssprache sollte jedoch nachvollziehbar notwendige Einschränkungen explizit zum Ausdruck bringen und nicht implizit voraussetzen, wie z. B. die Command Language Grammar (CLG) (MORAN 82, S. 3-50), die einen „one best way" (Kritik daran in BALZERT E. A. 9; ACKERMANN 2) des Denkens vorgibt. Ein erster Ansatz zur Bestimmung generalisierter Handlungs-Gegenstands-Kombinationen wurde in anderem Zusammenhang in Form des PAD (KEANE, JOHNSON 68) vorgestellt, der analytisch aus konkreten Anwendungsbereichen generische Operationen und Anwendungsobjekte ableitet, mit denen durch Kombination flexible Handlungen vollzogen werden können. Eine Beschreibungssprache wird nur grob konzipiert, eine arbeitswissenschaftliche Reflexion nicht vorgenommen. Im folgenden soll daher ausgehend von einer aus einem ersten aufgabenzentrierten Entwurfsschritt (s. Kap. 4) resultierenden Aufgabe und den darin bestimmten Arbeitseinheiten ein konzeptuelles Entwurfsverfahren beschrieben werden, das systematisch zu einer flexiblen Dialoggrammatik bestehend aus Objekt-Operationspaaren im Sinne Ackermanns (vgl. Kap. 3 und ACKERMANN 2) führt. Es soll darüber hinaus die Berücksichtigung arbeitswissenschaftlicher Kriterien ermöglichen. Da deren Erstellung bis heute nicht abgeschlossen ist (vgl. ULICH 114, S. 51-65) und schon heute absehbar nur einsatzfallspezifisch (s. ATAA , Kap. 3) anwendbar sein werden bzw. konkurrierende Ziele/Kriterien vorliegen (ACKERMANN, GREUTMANN 4, S. 144-152), soll dies in offener, aber systematischer Form erfolgen.

Zunächst ist eine Beschreibungssprache für den konzeptuellen Entwurf zu finden. Sie soll kodierungsneutral sein und zugleich die Voraussetzungen für die Programm- und Datenkodierung schaffen.

Wird ein komplettes Softwaresystem abgebildet, so werden auch die darin beschriebenen Prozesse als Daten betrachtet. Das ANSI-Sparc-Komitee (ANSI/X3/SPARC 7) stellte in diesem Zusammenhang das 3-Schema-Konzept vor, das zwischen Entwurf, Nutzung und physischer Struktur von Datensystemen unterscheidet:
- Das konzeptionelle Schema beschreibt die generelle Struktur auf der logischen Ebene und ist Ausgangspunkt für Entwurf und Pflege der anderen Schemata.
- Das externe Schema beschreibt die Benutzersicht.
- Das interne Schema beschreibt die physische Struktur.

Dem gegenüber stehen drei wesentliche Datenmodelle, die unterschiedliche Eigenschaften aufweisen:
- Das hierarchische Datenmodell stellt das klassische Datenmodell dar. Es läßt keine vernetzten Beziehungen zu.
- Das netzwerkartige Datenmodell basiert auf explizit formulierten Datenabhängigkeiten (s. Kapitel 4).
- Das relationale Datenmodell zeichnet sich als einziges durch eine eigene Algebra (Relationenalgebra) und der damit verbundenen mathematischen Klarheit und die Trennung zwischen Datenstruktur und ihrer späteren Verwendung aus.

Für den Einsatz des relationalen Datenmodells (Relationenmodell) als allgemeines konzeptionelles Modell sprechen drei Gründe:
- Es ist einfach und leicht verständlich, da es auf Tabellen basiert.
- Es ermöglicht eine systematische Analyse von Daten und bietet sinnvolle Hilfen bei der Gruppierung von Merkmalen.

Es dient nicht nur für konzeptionelle Arbeiten, sondern ist auf eine redundanzfreie, physische Speicherung (internes Schema) ausgerichtet, ohne daß das damit vorgesehene physische Datenmodell oder die künftige Verwendung der Daten (externes Schema/Flexibilität) durch die Entwurfsarbeit vorbestimmt wird (vgl. ZEHNDER 124, S. 41).

Die Normalisierung einer relationalen Datenbasis führt zu einer redundanzfreien Datenstruktur, die durch eine stark lokale Sichtweise einzelner Inhalte geprägt ist. Ausgangspunkt des konzeptuellen Entwurfs müssen jedoch globale Datenstrukturen sein, um die Voraussetzungen für ganzheitliches und kontextgebundenes Handeln zu schaffen. Auf globale Datenstrukturen zielt die Familie der Entity-Relationship-Modelle (Entitätsbeziehungsmodelle, ER-Modelle) ab, die von Chen (vgl. CHEN 13, S. 9ff.) eingeführt wurden.

Chen unterscheidet vier Ebenen von Datensichten:

1. Information über Entitäten und Beziehungen der realen und der Vorstellungswelt
2. Informationsstruktur, worin Entitäten und Beziehungen durch Daten repräsentiert werden
3. Zugriffspfad-unabhängige Datenstruktur und
4. Zugriffspfad-abhängige Datenstruktur.

Chen lokalisiert dabei

- das klassische Netzwerk-Modell (CODASYL-DBTG[1]-Modell) auf Ebene 4,
- das Relationenmodell auf den Ebenen 2 und 3,
- das sehr abstrakte „Entity Set Model" sowie
- das Entity-Relationship Model auf den Ebenen 1 und 2 (vgl. ZEHNDER 124, S. 61).

Da der hier angestrebte konzeptuelle Entwurf, von zunächst global bestimmten Arbeitseinheiten ausgehend, eine Verfeinerung bis zu konkreten Rechneroperationen anstrebt, (vgl. Kap. 3 und 4) eignen sich Entitätsbeziehungs-Modelle und aufgrund seines hohen Realitätsbezuges besonders das Entity-Relationship-Modell als einzige zur Abbildung von Zusammenhängen bei der Mensch-Rechner-Interaktion, da mit ihnen eine konzeptuelle Brücke zwischen objektiven und subjektiven Handlungsspielräumen des Menschen (Ebene 1) und der Funktionalität des Rechners (Ebene 2) geschlagen und der jeweils notwendige Handlungskontext abgebildet werden kann.

---

[1] CODASYL-DBTG - Conference on Data Systems Languages-Data Base Task Group

Zur formalen Darstellung und zur Sicherstellung inhärenter (Widerspruchsfreiheit, Gestaltungsstruktur) und externer (Einhaltung von Gestaltungskriterien) Konsistenzbedingungen bietet sich folglich das Entity-Relationship-Modell an, da es im Vergleich zu anderen Datenmodellen absehbar die geringsten Einschränkungen erzwingt, über die verwendete Relationenalgebra einen wissenschaftlich begründeten Zugang ermöglicht (vgl. ZEHNDER 124, S. 60) und hierdurch informationstechnische und arbeitswissenschaftlich begründete Strukturen und Konsistenzbedingungen formuliert werden können, die zu einem nachvollziehbaren Entwurfsergebnis führen.

Hervorzuheben ist an dieser Stelle nochmals der Wechsel der Gestaltungsperspektive (vgl. Kap 3.5). Wurde im ersten Entwurfsschritt eine überindividuelle Aufgabengestaltung vorgenommen, die zur Berücksichtigung individueller Unterschiede explizit Handlungsspielräume fordert, diese aber nicht näher untersucht, so ist im folgenden eine nutzerzentrierte detaillierte Gestaltung der (EDV-)Objekte und Operationen zu vollziehen, die Raum für situative Flexibilität und individuelles Handeln des Nutzers gewährleistet.

Im folgenden soll daher ausgehend von als Ergebnis der Aufgabenteilung vorliegenden RFA-Netzen (Kap. 4) über Teilhandlungen bzw. Arbeitseinheiten bis zur Bestimmung konkreter Objekt-Operations-Paarungen der konzeptuelle Entwurf mit Hilfe des ER-Modells formal unterstützt werden. Neben der formalen Bestimmtheit liegt ein großer Vorteil darin, daß gleichzeitig ein Datenkatalog (Data dictionary) entworfen wird, der für eine Kodierung und spätere Programmpflege eine zentrale Rolle spielt. Er wird die exakte Beschreibung der Datenbasis mit allen Merkmalsfunktionen, Namen etc. enthalten und ist im Hinblick auf die Entwicklung eines CASE-Tools ein wichtiger Ansatzpunkt zur Erstellung der weiteren Systemtabellen (Datenreferenztabelle, Zugriffstabelle etc.).

Die weiteren Ausführungen basieren auf dem „Erweiterten Relationenmodell" von Zehnder (vgl. ZEHNDER 124, S. 41), das zur Familie der ER-Modelle gehört. Das Erweiterte Relationenmodell ist innerhalb der Familie der ER-Modelle bewußt einfach gehalten und damit besonders für konzeptionelle Überlegungen geeignet. Es hat hierbei insbesondere den Vorteil, daß die Beziehungsmengen direkt als Entitätsmengen behandelt werden können. Mathematisch sind das ER-Modell von Chen und das Erweiterte Relationenmodell gleich mächtig (vgl. ZEHNDER 124, S. 63).

Die Beschreibung des konzeptuellen Entwurfs erfolgt in global normalisierter Form (vgl. ZEHNDER 124). Abbildung 18 stellt das Entwurfsmodell als Entitätenblockdiagramm dar, in dem jeder Block die mit ihm bezeichnete Entitätsmenge enthält. Die Blockstruktur ist mit geschachtelten Ebenen hinterlegt, die der in Kapitel 3 beschriebenen Hierarchie der Gestaltungsgegenstände entsprechen. Auf das Modell von Hackstein u. a. (vgl. HACKSTEIN U. A. 47) bezogen, stellen die Ebenen 1 bis 5 eine Binnenstruktur zu den Gestaltungsebenen 2 und 3 dar; auf das Modell von Hacker (vgl. HACKER 39, S. 37) bezogen, korrespondieren sie mit den Positionen (2) Arbeitsteilung/-kombination und (3) Funktionsteilung zwischen Mensch und Maschine/Computer. Die Ebenen 1 und 2 dienen der Erfassung des Aufgabengestaltungsergebnisses gemäß Kapitel 4. Auf Ebene 5 werden die konkreten Softwareeigenschaften festgelegt.

Im folgenden erfolgt die Begründung des Modells in entsprechend abstrakter Form, um den globalen Zusammenhang aufzuzeigen. Im nächsten Schritt wird die Vorgehensweise beim Entwurf beschrieben, die später (Kap. 6) am Beispiel angewandt wird. Die Strukturdarstellung 1-m (mc;c) sagt aus, daß zu jedem Vater (1) ein oder mehrere (m) (kein oder mehrere (mc), kein oder ein (c)) Sohn/Söhne gehören, zu jedem Sohn aber genau ein Vater.

Der Block-Zusammenhang 1-2-3-4-51/52 folgt aus der beschriebenen hierarchischen Struktur der menschlichen Tätigkeit. Die Bezeichnung (1-m) des Entitätenblocks „Tätigkeit" (1) zum Block „Aufgabe" (2) bringt zum Ausdruck, daß sich die in Block 1 als Entitäten erfaßten i Tätigkeiten aus jeweils n_i Aufgaben zusammensetzen, die wiederum jeweils einmal einer Tätigkeit zugeordnet sind.

Die Summe aller Aufgaben beträgt folglich $s= \sum_{j=1}^{i} n_j$. Hierbei wird angenommen, daß keine unterschiedlichen Tätigkeiten mit zum Teil gleichen Aufgaben vorliegen. Sollte dies aus praktischen Gründen der Fall sein, so kann leicht ein weiterer Zuordnungsblock analog den folgenden Ausführungen zu Block 31 zwischen Block 1 und Block 2 eingeführt werden. Zwischen Block 2 (Aufgabe) und Block 3 (Arbeitseinheit) liegt eine netzwerkartige Verbindung vor: jede Arbeitseinheit (AE) kann in mehreren verschiedenen Aufgaben (A) auftreten. Die maximale Summe aller möglichen A(k)-AE(l)-Zuordnungen beträgt folglich $s_{max}=k \times l$.

Bereits an dieser Stelle wird deutlich, daß die vorliegende Entity-Relationship/(ER)Darstellung es erlaubt, sehr umfangreiche und komplexe Strukturen übersichtlich zu fassen.

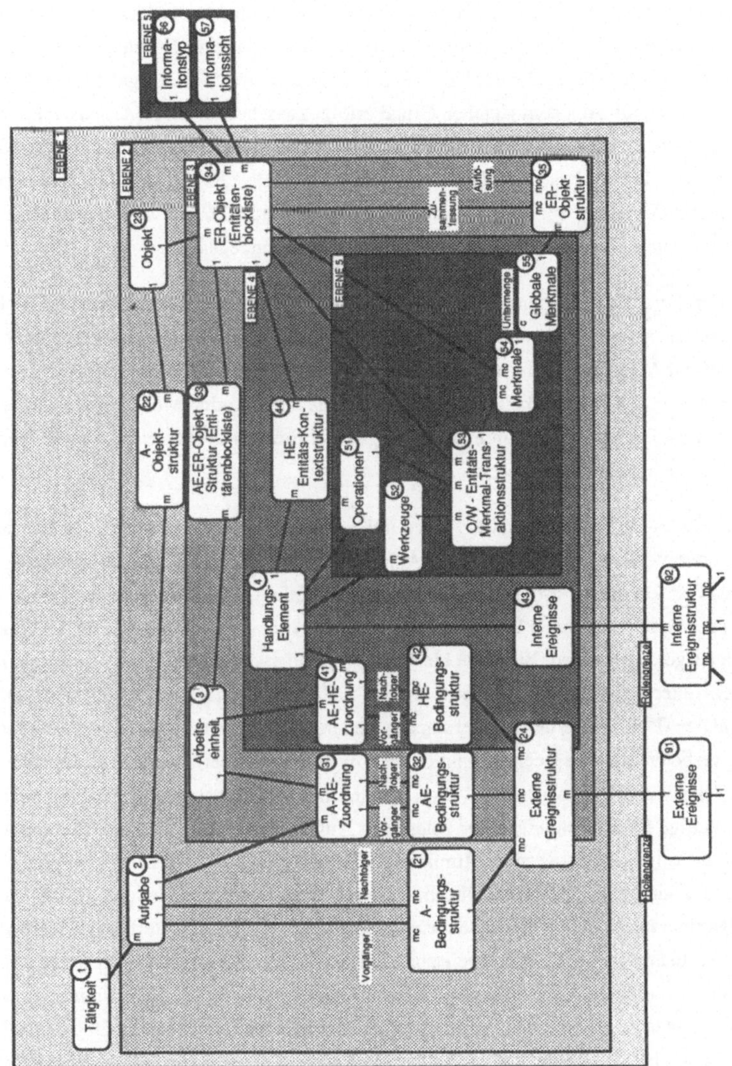

Abb. 18:   Entwurfsmodell als Entitätenblockdiagramm

Da in Entitätenblockdiagrammen nur hierarchische (global normalisierte; s. o.) 1-m;c; mc;1-Beziehungen zugelassen sind, wird mit Block 31 eine Entitätsmenge „A-AE-Zuordnung" eingeführt, die explizit alle Beziehungen zwischen Aufgaben und Arbeitseinheiten enthält. Aus dem gleichen Grund erfolgt zwischen Block 3 (Arbeitseinheit) und Block 4 (die eine Arbeitseinheit konstituierenden Handlungs-Elemente) die Aufstellung von Block 41. Die Handlungs-Elemente stellen schließlich als kleinster faßbarer Arbeitsschritt die Grundlage für die Ableitung der EDV-Operationen (51) und -Werkzeuge (52) dar. Auf deren Unterscheidung wird zu späterer Stelle eingegangen.

Als Ergebnis des aufgabenzentrierten Entwurfs mit Hilfe der auf erweiterte RFA-Netze angewandten Arbeitsgestaltungsverfahren resultieren neben Aufgaben-Arbeitseinheits-Strukturen Ablaufbedingungen für den Arbeitsvollzug und Rollen-/Aufgabengrenzen mit gegenseitigen Abhängigkeiten bei Mehrpersonenarbeit oder Mehraufgabenarbeit (s. Kapitel 4). Diese werden durch Bedingungs- und Ereignisstrukturen sowie die Bildung einer Systemgrenze beschrieben.

Block 21 (A-Bedingungsstruktur) legt durch zwei (Vorgänger, Nachfolger) 1-mc (keine, eine oder mehrere)-Zuordnungen die Ablaufbedingungen für aufeinander folgende Aufgaben fest. Da diese Festlegung eine erste Einschränkung an Flexibilität darstellt, dürfen nur sperrende (blocking-) Bedingungen zwischen Aufgaben, die explizit zu formulieren sind, aufgestellt werden. Beispiele hierfür sind wichtige organisatorische Vorgangsfolgen (Intern-Intern; Extern-Intern-Extern) und aus Sicherheitsgründen zwingend zu erfolgende Vorgänge (Datensicherheit, Steuerungsanwendungen). Lösende (enabling-) Bedingungen sind verboten. Sie entsprechen funktionalistischen Entwurfsverfahren, die einen „one best way" des Handelns vorgeben (s. Kap. 4). Hiermit wird sichergestellt, daß nur wirklich notwendige Einschränkungen der zulässigen Aufgabenabfolgen erfolgen. Diese müssen explizit angegeben werden. Implizite Fixierungen können nicht erfolgen, die Einschränkung der Flexibilität wird minimiert. Somit werden bei der Auflösung 1-2-3-4 Tätigkeiten in sie definierende Sequenzen, nicht Funktionen in Unterfunktionen zerlegt. Jede Sequenz und jedes Teil (Arbeitseinheit, Handlungselement) daraus auf tieferer Ebene sowie jede einzelne Durchführung einer Sequenz muß bei Abwesenheit sperrender Bedingungen möglich sein. Werden beispielsweise mehrere ähnliche Objekte auf die gleiche Weise bearbeitet und sind hierfür vorher zu ermittelnde Informationen erforderlich, so darf nicht die Informationsgewinnung als Ganzes für alle Objekte erzwungen werden (z. B. durch getrennte Funktionsbereiche, die durch die Kompliziertheit des Übergangs den Nutzer veranlassen, sein kontextgebundenes Handeln aufzugeben und tayloristisch zu arbeiten). Vielmehr ist die Informationsgewinnung in jede einzelne Durchführung einzubetten.

In Abgrenzung zu anderen Rollenträgern bzw. zu anderen eigenen Rollen (Tätigkeiten) können abhängig von der vorliegenden Kooperationsstruktur externe Ereignisse (91) auftreten, die Einfluß auf den Arbeitsvollzug haben. Dies wird durch eine Externe Ereignisstruktur (24) erfaßt, die in Form von 1-mc-Beziehungen direkten Einfluß auf die jeweils notwendige Ebene der Aufgabe über die jeweilige Bedingungsstruktur hat.

Die Blöcke 32 und 42 setzen im Unterschied zu Block 21 bei der A-AE- bzw. AE-HE-Zuordnung an, da die Abfolge der Arbeitseinheiten bzw. Handlungselemente nur im Kontext der jeweils übergeordneten Aufgabe bzw. Arbeitseinheit festgelegt werden darf. Eine kontextfreie Festlegung würde zu den hinlänglich bekannten unverständlichen, aber von EDV-Systemen erzwungenen, Kommandofolgen führen, die umständlich in die eigentlich angestrebte Nutzerhandlung eingebettet werden müssen.

Die Anbindung der Blöcke 32 und 42 an Block 24 erfolgt aus den o. a. Gründen.

Der Aufgaben-Objektbezug zur Gewährleistung gegenständlichen (auf virtuelle Sachen oder gedankliche Konstrukte bezogenen) Handelns wird durchgehend beibehalten. Ausgehend von groben Aufgaben-Objektstrukturen (2-22-23) als Ergebnis eines gestalteten RFA-Netzes (Kap. 4) wird entsprechend der Auflösung der Handlungen eine schrittweise Verfeinerung des Objektbezuges vorgenommen. Hierbei wird eine ER-Struktur der abzubildenden Objekte unterstellt, die wie beschrieben eine der umfassendsten Datenstrukturen darstellt.

Dies erfordert eine Zerlegung des allgemeinen Objektblocks (23)
-   in einen ER-Objektblock (34), der aus einer Tabelle von Entitätenblockrelationen besteht,
-   einen Block globaler Merkmale (55), der die datentechnische Verknüpfung von Entitätsmengen über Schlüssel gewährleistet und
-   den Beschreibungsblock (35) für die ER-Objekt-Struktur, der alle objektinternen Beziehungen enthält.

Die zweifache 1-mc-Zuordnung gestattet eine hierarchische und vernetzte Objektstruktur.

Auf oberster Ebene werden den Arbeitseinheiten die auf dieser Auflösungsebene liegenden ER-Objekt-Entitätenblöcke zugeordnet (33; AE-ER-Objektstrukturen). Sie fassen

– ähnlich einer Strukturstückliste – weitere sie konstituierende Entitätenblöcke auf der Ebene der Handlungselemente zusammen.

Die Handlungselemente stellen die kleinsten unteilbaren Nutzer-Aktionen dar, die sich auf Entitäten der höchsten Objekt-Auflösungsstufe beziehen. Auf dieser Stufe findet die eigentliche Objektveränderung statt. Sie wird mit Hilfe von EDV-Operationen und -Werkzeugen auf Merkmalen bestimmter Entitäten in Form von Transaktionen vorgenommen. Transaktionen bestehen aus Abfragen und konsistenzerhaltenden Daten-Mutationen, stellen also konsistenzerhaltende Operationen auf der Datenbasis dar.

Eingangs dieses Kapitels wurde die Wichtigkeit der Konsistenz der Datenbasis für den konzeptuellen Entwurf hervorgehoben. Auf der Ebene der Entitäten und ihren Merkmalen findet er seine Operationalisierung. Die mit der Konsistenz erzielte semantische Integrität der Beschreibung stellt sicher, daß die Datenbasis alle inhärenten und externen Konsistenzbedingungen erfüllt. Konsistenzbedingungen wurden bereits formuliert. Beispielsweise stellen das Gebot sperrender Bedingungsstrukturen und die hierarchische Strukturierung der Aufgabe Konsistenzbedingungen dar, die beim Entwurf zwingend eingehalten werden.

Bei der konkreten Objektveränderung wird nun einerseits der Zusammenhang zwischen Handlungselementen und den Entitätsblöcken mit der Blockverbindung 4-44-34 erfaßt, um die Entitäten ansprechen zu können, deren Merkmale (z. B. Zeichensatz, Farbe, Position) mit Hilfe von Operationen und Werkzeugen verändert werden sollen. Werkzeuge (52) verändern im Gegensatz zu Operationen (51) das Interaktionsverhalten der Ein- und Ausgabegeräte (z. B. Umschalten von zeigendem Pfeil-Cursor auf exakt markierenden Cross-Hair-Cursor bei Graphiken oder auf Text-Marker bei Texten). Beide Unterstützungsformen führen Transaktionen auf Entitätsmerkmalen aus. Block 53 verbindet daher mit 1-m-Zuordnungen Operationen und Werkzeuge mit den in Block 34 (ER-Objekt) auf unterster Stufe erfaßten Entitäten, wobei über 1-m-Zuordnungen alle Fälle von Merkmalsveränderungen in Block 54 (Merkmale) aufgeführt werden. Fälle, in denen keine Merkmalsveränderungen anstehen, stellen z. B. alle abfragenden, objektgenerierenden und objektlöschenden Aktionen dar.

Zur Gewährleistung ganzheitlichen und flexiblen Handelns ist es erforderlich, daß die in einer Arbeitseinheit (3) angesprochenen Objekt-Entitäten (34) in ihrem Zusammenhang repräsentiert werden. Dies kann dazu führen, daß die Daten sehr komplex strukturiert und über verschiedenste Entitätsmengen verteilt werden und durch vielerlei Konsistenzbedingungen und Transaktionsfortpflanzungsregeln verknüpft sind (vgl. DITTRICH U. A.

15, S. 295). „Um die notwendige Effizienz zu gewährleisten, müssen solche sog. *komplexen Objekte* als Ganzes manipuliert und gespeichert werden können" (vgl. ZEHNDER 124, S: 259).

Die programmtechnische Umsetzung setzt die Bestimmung des jeweiligen Objekt-Informationstyps (56) (Grafik, Text, Datei etc.) und dessen Spezifikation (Datenformate) voraus. Dies erfolgt auf der Grundlage des jeweils vorliegenden Entitätenblockdiagramms im Hinblick auf die zu realisierenden Operationen und Werkzeuge und die angestrebte Objektrepräsentation.

Anhand der ER-Objekt-Struktur (35) sind Zusammenhänge zwischen Objekt-Entitätsmengen diskret erkennbar. Sind diese unterschiedlichen Informationstyps, so ist im Handlungskontext zu unterscheiden, ob ein zusammenfassender Informationstyp (z. B. Informationstyp „Dokument" für Text und Grafik) neu definiert werden soll (Datenintegration) oder ob lediglich eine Datenbilateration erfolgen soll, die den ER-Objektzusammenhang gewährleistet (z. B. assoziative Datenbank bei CAD). Einerseits sind die in den jeweiligen Arbeitseinheiten angesprochenen Entitätsmengen zusammenzufassen, die über die den Arbeitseinheiten zugeordneten Operationen und Werkzeugen direkt referenziert und bearbeitet werden können. Andererseits ist dies auch für Gruppen von Arbeitseinheiten zu gewährleisten, die dadurch gebildet werden, daß dieselben Entitätsmengen von mehreren Arbeitseinheiten angesprochen werden.

Zusammenhängende Objekt-Entitätsmengen gleichen Informationstyps werden in jeweils einer Informationssicht (57) zusammengefaßt, die angibt, welche Entitätsmengen für den Nutzer in einer Darstellung (z. B. Fenster) zusammenhängend repräsentiert werden. Mit dieser Strukturierung wird sichergestellt, daß die Objekte als ganzes bearbeitbar werden (Funktions- und Datenintegration) und gleichzeitig die Bearbeitungsstrategie frei wählbar ist (Flexibilität).

Schließlich können Handlungs-Elemente interne Ereignisse, die Auswirkungen über die Rollen-Aufgabengrenze hinweg haben (z. B. Weiterleitung einer fertiggestellten Datei; Veranlassen externer Vorgänge), auslösen. Block 43 (Interne Ereignisse) und Block 92 (Interne Ereignisstruktur) stellen hierbei das Pendant zu den Blöcken 91 (Externe Ereignisse) und 24 (Externe Ereignisstruktur) dar.

Die vorliegende Beschreibung der Gestaltungsgegenstände beim arbeitswissenschaftlich begründeten konzeptuellen Entwurf dient als Ausgangspunkt für die im folgenden dargestellte Vorgehensweise beim Entwurf und im Ergebnis als Grundlage für die programm- und datentechnische Umsetzung.

Daneben erlaubt diese Strukturierung von Aufgaben, Objekten und deren Zusammenhängen die Gestaltung einer umfassenden assoziativen Handlungshilfe für den Nutzer. Wird das beim Entwurf ermittelte Wissen über die Handlungsstruktur in der Handlungshilfe implementiert, so ist dieses Hilfesystem in der Lage, aus einzelnen Aktionen und Aktionsfolgen sowie den dabei angesprochenen Objekten und Merkmalen auf mögliche höhere Arbeitseinheiten und Aufgaben des Nutzers zu schließen und ihm eine den Aufgabenkontext assoziierende und selektive Hilfe anzubieten. Der Software-Entwurf und der Entwurf eines handlungsunterstützenden Hilfe-Systems fallen somit zusammen.

5.3 Vorgehensweise bei einem arbeitswissenschaftlich begründeten konzeptuellen Entwurf

Der arbeitswissenschaftlich begründete konzeptuelle Entwurf folgt der Hierarchie der Gestaltungsgegenstände (Kap. 3 und 4). Er faßt deren Struktur in Form einer ER-Darstellung, wodurch der Entwurfsprozeß systematisch und schrittweise vollzogen werden kann. Gestaltungskriterien werden hierbei explizit formuliert und umgesetzt, so daß ein nachvollziehbares Entwurfsergebnis resultiert. Die abstrakte, kriterienneutrale Beschreibungssprache erlaubt die Anwendung unterschiedlicher Gestaltungskriterien in Abhängigkeit von deren Gestaltungsgegenstand. Ein zentrales Kriterium, die hierarchische Struktur des Handelns bei der regulativen Bewältigung beruflicher Situationen, wurde bereits strukturbildend als Metakriterium angewandt. Dies wurde in Kapitel 3 in der Diskussion des theoretischen Rahmens begründet. Alternative Metakriterien sind denkbar (vgl. GEDIGA E. A. 28, S. 80-88)[1] und können analog der bisherigen Vorgehensweise umgesetzt werden.

Detaillierte Gestaltungskriterien werden im folgenden schrittweise, von außen nach innen, gemäß Abb. 18 (ER-Blockdiagramm), eingebracht.

Dabei werden zunächst nur grundlegende Kriterien formuliert, deren Aufstellung von handlungstheoretischen Überlegungen geleitet ist, um sicherzustellen, daß das Vorgehensmodell mindestens für diese geeignet ist. Hier alle handlungstheoretischen Aussagen und Ableitungen zu berücksichtigen, würde Thema und Rahmen der Arbeit sprengen. Darüber hinaus existieren weitere arbeitswissenschaftliche Konzepte und Untersuchungen, die nicht berührt werden (vgl. ACKERMANN 3, S. 253-276). Mit dem vorliegenden Ansatz wird das Potential geschaffen, diese nach Bedarf und Fall formal in

---

[1]   Z. B. eine entsprechende Umsetzung der Heterarchischen Aufgaben-Analyse (HAA).

der beschriebenen Weise zu fassen und systematisch im Software-Entwurfsprozeß zu berücksichtigen.

In Abb. 18 (ER-Blockdiagramm) ist die Kontextgebundenheit des Handelns gut erkennbar. Auch kleinste Operationen und Werkzeuge sind in den Aufgabenzusammenhang eingebettet. Hervorzuheben ist auch, daß durchgehend ein enger Aufgaben-Objektbezug beibehalten und dessen Verfeinerung unterstützt wird.

Der Gestaltungsprozeß von Ebene 1 bis auf Ebene 3 erfolgt wie in Kapitel 4 beschrieben. Der Übergang auf den konzeptuellen Entwurf erfolgt auf Ebene 3 (s. Kap. 4). Arbeitseinheiten werden erfaßt und weiter detailliert. Dies wird durch den Umstand vereinfacht, daß auf der Ebene der Arbeitseinheiten die Auflösung so hoch ist, daß dies in tabellarischer Form geschehen kann. Dabei werden die in den rechnergestützt durchzuführenden Aufgaben enthaltenen AEs zusammengefaßt und aufgelistet. Ihr Zusammenhang ist aus der graphischen Darstellung in Oberquelle-Notation (Kap. 4) ersichtlich. Abbildung 19 gibt die mindestens erforderlichen Arbeitsschritte bei der Ableitung von Operationen und Werkzeugen aus Arbeitseinheiten wieder. In Spalte 1 steht zunächst die Liste der Arbeitseinheiten. In der Abbildung wird eine Arbeitseinheit in Form eines leeren Kästchens angedeutet. Spaltenweise erfolgt nun die Bestimmung der Handlungselemente und die Ableitung der Operationen und Werkzeuge. Liegen diese fest, so kann bei Bedarf zur Darstellung des Gestaltungsergebnisses (des Systementwurfs) auf die Oberquelle-Notation zurückgegangen werden.

In der ersten Spalte werden den Arbeitseinheiten die Objekt-Entitäten zugeordnet (in der Abbildung nicht dargestellt). Durch Semikolon getrennt werden jeweils das auf der AE-Ebene (Ebene 3) direkt angesprochene ER-Objekt und die von den die Arbeitseinheit konstituierenden Handlungselementen angesprochenen ER-Objekte zugeordnet.

Durch die formale Trennung von Arbeitseinheit und Objekt wird eine Generalisierung (Flexibilisierung) der Teilhandlungen als Arbeitseinheiten ermöglicht. Beispielsweise wird „Position der Unterstützung berechnen und markieren" als AE „Bestimmen (U-Punkt; Maschinenposition, Maschinenspezifikation)" formuliert und hätte eine hohe Ähnlichkeit mit z. B. einer anderen Arbeitseinheit „Bestimmen (Aufhängung; Plattenlage, Platten, Plattenspezifikation)".

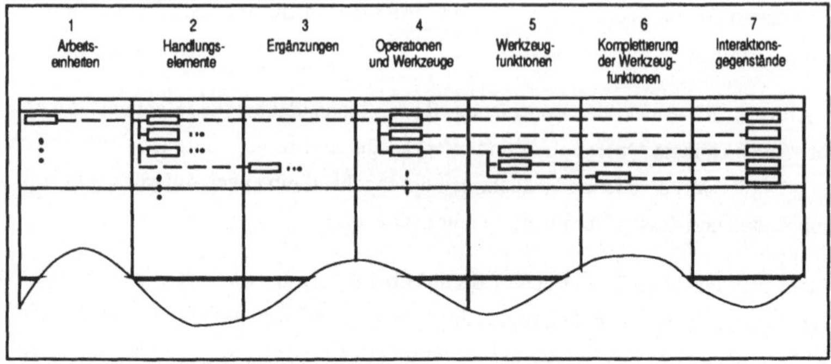

Abb. 19:   Struktur der Entwurfstabelle

Spalte 2 enthält die zur Erfüllung der jeweiligen Arbeitseinheiten unbedingt erforderlichen Handlungselemente. Eine Generalisierung erfolgt auch auf dieser Ebene, z. B. wird aus „Anreißen der U-Punkte" die AE „Markieren (Striche; Rohre)" bzw. aus „Anreißen der Platte" „Markieren (Striche; Platten)".

Die Generalisierung erlaubt die Identifikation gleicher und ähnlicher Arbeitseinheiten und Handlungselemente durch Abstraktion. Sie führt in den Spalten 4 und 5 zur systematischen Ableitung einer begrenzten Zahl an flexiblen Operationen und Werkzeugen. Z.B. kann das so abgeleitete Werkzeug „Markieren" sowohl in der Arbeitseinheit „Bestimmen (U-Punkt; ...)" als auch in der Arbeitseinheit „Bestimmen (Aufhängung; ...)" verwendet werden.

Die Spalten 3, 6 und 7 dienen der Komplettierung der Handlungselemente bzw. Operationen und Werkzeuge um notwendige und ergänzende Positionen, die sich nicht direkt aus den Arbeitseinheiten ableiten lassen, sondern sich aus der Berücksichtigung als externe Konsistenzbedingungen formulierter Gestaltungskriterien und aus der technischen Realisierung ergeben. Hierfür sind in einer separaten Regel-Tabelle alle als externe Konsistenzbedingungen formulierten Gestaltungskriterien aufzunehmen. In der Entwurfstabelle ist bei jeder neuen Position in Kurzform anzugeben, aufgrund welcher Regel sie gebildet wurde. Führt z. B. die Regel Nr. 6.1 „Zu objektmanipulierenden Operationen wird jeweils eine aufhebende Operation zur Verfügung gestellt" zur Festlegung der Operation „Widerrufen Markieren", so ist deren Position „R.6.1" beizustellen.

Parallel zur Bearbeitung der Entwurfstabelle erfolgt die Erstellung des ER-Objekt-Modells. Während des Entwurfs werden sukzessive ein ER-Objekt-Entitätenblockdiagramm erstellt und die Merkmale und Beziehungen erfaßt (s. Kap. 6). Die Zuordnungsstrukturen (Blöcke 31 und 41) ergeben sich aus der Entwurfstabelle, die Bedingungsstrukturen (Blöcke 32 und 42) werden als mxm-Matrizen jeweils im Anschluß an das Ausfüllen der Spalten 1 und 2 erstellt. Die Zuordnung zu Informationssichten und -typen erfolgt nach explizit zu formulierenden Regeln in der Regeltabelle, um unterschiedliche Interaktionsparadigmen berücksichtigen zu können.

Die Realisierung des Softwareentwurfs stellt hohe Anforderungen an die programmtechnische Umsetzung, da das beschriebene Verfahren einerseits zu sehr hohen Anforderungen an die Flexibilität und Interaktivität der Operationen und Werkzeuge führt und andererseits durch den zu gewährleistenden Aufgabenbezug eine hohe Integrität im Zusammenspiel einzelner Operationen und Werkzeuge notwendig macht. Deshalb wurde als Hilfsmittel für die Programmierung ein Softwareentwicklungswerkzeug erstellt, das auf die spezifischen Bedingungen des arbeitswissenschaftlich beründeten konzeptuellen Entwurfs zugeschnitten ist. Es wird im folgenden Kapitel 5.4 im Überblick dargestellt.

Die beispielhafte Anwendung des arbeitswissenschaftlich begründeten konzeptuellen Entwurfs wird in Kap. 6 beschrieben.

Anzumerken ist, daß mit der vorliegenden Beschreibung auch die Grundlagen für die Erstellung eines Data Dictionary für einen rechnergestützten konzeptuellen Entwurf gelegt sind. Das Data Dictionary bildet den Ausgangspunkt für die nun mögliche Entwicklung eines oder mehrerer geeigneter Editoren, die von der Darstellung von, wie in Kapitel 4 dargelegt, im Sinne einer handlungstheoretischen Gestaltung erweiterten, RFA-Netzen über die Objektabbildung in ER-Diagrammen und flexible Objekt-Operationspaardefinitionen bis zum konkreten Systementwurf reichen können.

5.4 Software-Entwicklungswerkzeug

Die Anforderungen an ein Software-Entwicklungs-Werkzeug zur Realisierung der entworfenen Dialoggrammatik resultieren aus den in Abb. 18 (Kap. 5.2) auf Ebene 5 bestimmten Gestaltungsgegenständen (Entitätsblöcke), die nach vollzogenem Entwurf die Beschreibung der konkreten Software-Eigenschaften enthalten.

Im Vordergrund steht die Programmierung der mit Hilfe des Entwurfsschemas abgeleiteten Operationen und Werkzeuge. Die generalisierte Formulierung der Arbeitseinheiten und Handlungselemente auf den Ebenen 2 und 3 führt zu einem hohen Anteil generischer, anwendungsneutraler Operationen und Werkzeuge. Unter Berücksichtigung des durch den Objektbezug beizustellenden Informationstyps läßt sich eine dreistufige Klasseneinteilung vornehmen:

1.   spezielle Operationen und Werkzeuge,

2.   generische Operationen und Werkzeuge ohne Informationstypzuordnung und

3.   generische Operationen und Werkzeuge gleichen Informationstyps.

Generische Operationen und Werkzeuge gleichen Informationstyps (z. B. Generieren, Verändern, Löschen von Objekten) lassen sich in Anwendungsgrundfunktionen (z. B. Textverarbeitung, Datenbank) zusammenfassen. Diese sind modular zu programmieren, um einer Präjudizierung des Einsatzzwecks vorzubeugen. Beispielsweise muß es bei Bedarf möglich sein, textverarbeitende Operationen auch größeren Umfangs in ein Graphikprogramm zu integrieren.

Generische Operationen und Werkzeuge ohne Informationstypzuordnung (z. B. Parametertabellen, Menüsteuerung) haben singulären Charakter und können informationstypübergreifend eingesetzt werden.

Schließlich werden zur Programmierung nicht im Entwicklungs-Werkzeug vorhandener generischer oder spezieller Operationen und Werkzeuge Libraries (Funktionsgruppen) benötigt, die über eine große Bandbreite auf die Entwicklung von Operationen und Werkzeuge ausgerichteter Funktionen verfügen.

Kommerziell erhältliche Entwicklungswerkzeuge für interaktive Software (MS-Windows, DR-GEM, XWINDOWS etc.) zielen primär auf die beiden unteren Ein-/Ausgabeebenen und die syntaktische Ebene des Mensch-Rechner-Ebenenmodells (vgl. RAETHER, ZIEGLER 90, S. 55) ab.

Dabei geben sie relativ starr ein Interaktionsparadigma vor (Direkt manipulierbare Schnittstelle), abweichende Interaktionsformen werden nicht unterstützt. Diese sind jedoch grundsätzlich durch explizite Programmierung realisierbar. Eine weitere Einschränkung stellen die nur im Object-Kode vorliegenden Runtime-Bibliotheken und resident zu ladenden Programmteile, in deren Struktur und Ablaufverhalten nicht eingegriffen werden kann, dar. Insbesondere in technischen Anwendungsbereichen treten hierdurch z. T. unlösbare Probleme auf. So werden gelegentlich Interrupts unterdrückt, was Echtzeitanwendungen verhindert, die Speicherverwaltung kann zumeist nicht beeinflußt werden, was speicherintensive Verarbeitungsvorgänge stark behindert und die graphischen Funktionen sind vielfach mit Attributen überladen und dadurch zu langsam. Darüber hinaus stellt im PC-Bereich der unter MS-DOS direkt adressierbare 640 KB-Speicherbereich trotz der mittlerweile verfügbaren EMS (Expanded Memory System)-Unterstützung eine praktische Hürde dar, da die Nutzung des erweiterten Speicherbereichs nicht diskret beeinflußt werden kann.

Der beschriebene konzeptuelle Entwurf ist auf der semantischen Ebene des Mensch-Rechner-Ebenenmodells (vgl. RAETHER, ZIEGLER 90, S. 55) einzuordnen. Die erwähnten Entwicklungswerkzeuge für interaktive Software sind folglich dann komplementär, wenn als ein Ergebnis des Entwurfs auf den unteren Ebenen eine direkt manipulative Schnittstelle zu fordern ist. Werden andere Interaktionsformen benötigt, so wird die explizite Programmierung notwendig.

Auf Aufgabenebene wird die Entwicklung von Operationen und Werkzeugen bislang nur zufällig von einigen Libraries bzw. Toolboxen für bestimmte Programmiersprachen (C, Pascal) unterstützt. An sie ist ebenfalls die Forderung zu stellen, modular aufgebaut und systematisch strukturiert zu sein.

Die beschriebenen Einschränkungen kommerzieller Produkte, auf der semantischen (Aufgaben-)Ebene nur sporadisch, auf niederen Ebenen nur paradigmatisch Entwicklungswerkzeuge anzubieten, machte die Programmierung eines Entwicklungs-Werkzeuges einschließlich aller Runtime-Komponenten erforderlich.

Abbildung 20 gibt dessen hierarchischen Aufbau wieder. Die folgenden Erläuterungen beschreiben Abbildung 20 von unten nach oben bzw. links nach rechts. Aus Gründen der Kompatibilität und breiten Verfügbarkeit wurde als Referenzsystem ein Rechner des Industriestandards unter MS-DOS gewählt (vgl. Abb. 20). MS-DOS Standardprogramme und Programme für die IAW-Dialogverwaltung („spezielle IAW-Programme") laufen bei der gleichen Systemkonfiguration.

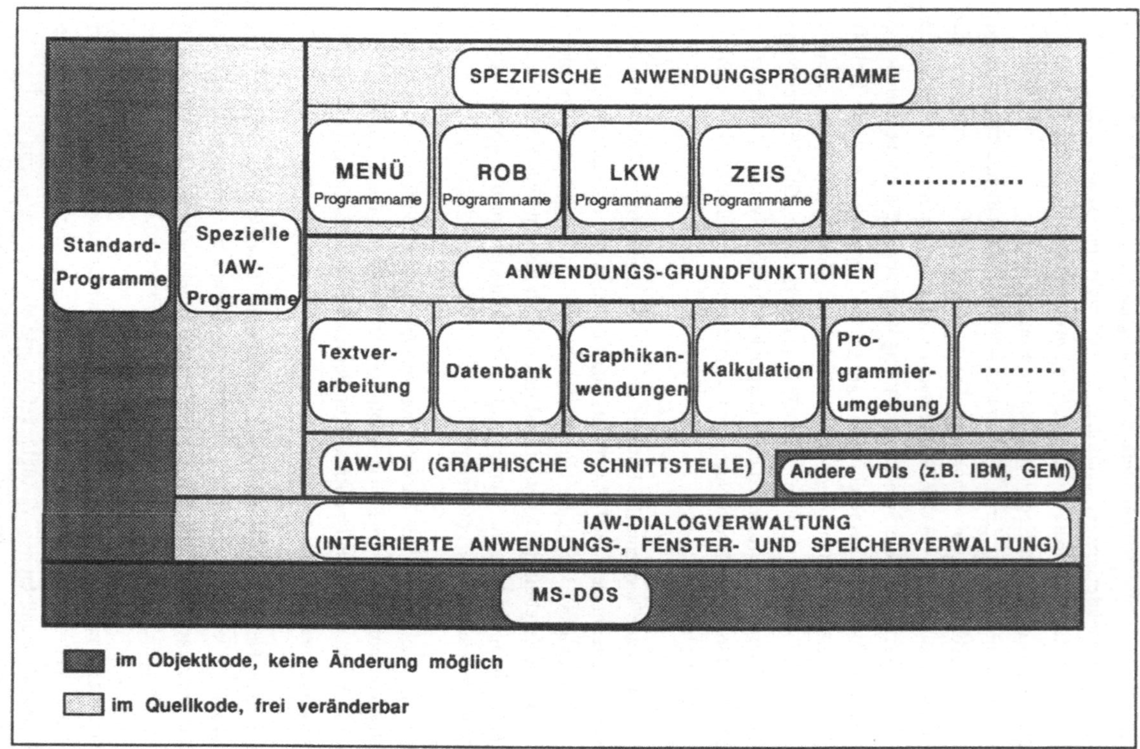

Abb. 20:   IAW-Software-Umgebung

Auf die Verwendung der Task- und Fenster-Verwaltungssysteme der kommerziellen Produkte (z. B. GEM-AES (Application Environment System)) wurde vollständig verzichtet, um einerseits beliebige Dialogformen und Ablaufbedingungen realisieren zu können und andererseits die volle Gewalt über Betriebssystem- und Hardwarezugriffe zu haben. Die IAW-Dialogverwaltung stellt einen frei programmierbaren Dialog-Manager dar, der eine integrierte Task- und Speicherverwaltung beinhaltet. Sein Einsatzspektrum reicht von einer MS-DOS-Emulation bis zu komplexen Fensterumgebungen (s. Kap. 6). Auf ihn setzt eine schnelle graphische Schnittstelle auf (IAW-VDI (Virtual Device Interface)), die insbesondere über optimierte 2D- und 3D-Graphikroutinen in Assembler sowie Möglichkeiten zur Spracheingabe verfügt. Zur Ergänzung können andere Virtual Device Interfaces (VDIs) eingebunden werden.

Die in Abb. 20 dargestellten Anwendungsgrundfunktionen beinhalten wie beschrieben modulare generische Operationen und Werkzeuge, die beim Entwurf und der Entwicklung der spezifischen Anwendungsprogramme Eingang finden. Der erfolgreiche Einsatz des Software-Entwicklungswerkzeugs ist mehrfach in Projekten des IAW bestätigt worden.

Beispiele für dabei erstellte Anwendungsprogramme sind in Abb.20
- MENÜ
    - Technisches Auftragsabwicklungssystem (vgl. HORNUNG 60),
- ROB
    - Prototyp für die CNC-Roboterprogrammierung (vgl. SCHERFF 102),
- LKW
    - Simulationsmodell für die Auslegung eines Verteiler-LKW-Fahrerhauses (vgl. GAKSCH 27) und
- ZEIS
    - Schulungsmodell für die Graphikprogrammierung

aufgeführt.

Über einen Zeitraum von vier Jahren wurden ca. 10 Mannjahre investiert, um das Entwicklungswerkzeug auf seinen aktuellen Stand zu bringen. Sein Umfang beträgt ca. 850 kB (ca. 30 000 Zeilen) Code. Für den in Kapitel 6 beschriebenen Versuch wurden ca 580 kB Code zusammengestellt, so daß ein lauffähiges Programm von ca 250 kB entstand.

Das Handbuch des Entwicklungswerkzeuges ist analog zu den beschriebenen drei Klassen aufgebaut und beschreibt in anschaulicher Weise für jede Ebene die vorhandenen

Prozeduren, Funktionen und Programme. Einen Auszug mit generischen Operationen und Werkzeugen ohne Informationstypzuordnung zeigt Abbildung 21.

Der heutige Entwicklungsstand ist für den Turbo Pascal Compiler 5.5 konzipiert und läuft unter dem Betriebssystem MS-DOS ab Version 3.2.

```
Name:           hilfe
Datei:          help.pas
Funktion:       gibt ein Hilfefenster inklusive grafischem Symbol auf dem
                Bildschirm aus und wartet ggf. auf einen Maustastendruck
Deklaration:    procedure hilfe        (Hilfenummer:          integer;
                                        warte_auf_maus:        boolean);
Parameter:      Hilfenummer (E)        Nummer des zugehörigen Hilfetextes;
                warte_auf_maus (E) muß auf TRUE gesetzt werden,
                falls auf einen Maustastendruck gewartet werden soll
Bemerkung:      keine


Name:           feld_lesen
Datei:          hpg.hpg
Funktion:       liest eine geschachtelte Menüstruktur aus einer vorher
                bestimmten Datei. Die Schachtelung der Menüpunkte
                erfolgt durch Einrücken der Einträge in der Datei um
                jeweils drei Leerzeichen.
Deklaration:    procedure feld_lesen;
Parameter:      keine
Bemerkung:      keine
siehe auch:     wahlmenu, def_Datei


Name:           wahlmenu
Datei:          hpg.hpg
Funktion:       verwaltet eine geschachtelte Menüstruktur, die von
                FELD_LESEN aufbereitet wurde. Bei bestimmten Tasten-
                kombinationen werden Unterprozeduren aufgerufen und
                gegebenenfalls Menüpunkte ausgewählt.
Deklaration:    procedure wahlmenu (var menuliste: string); Parameter:
menuliste (A)   liefert den Weg durch die Menüstruktur zur aktuellen Ebene
Bemerkung:      keine
siehe auch:     feld_lesen
```

Abb. 21:   Auszug des Handbuchs

Als Mindestanforderungen für den zu verwendenden Rechner nach Industriestandard sind mindestens

- ein 2-MB-Arbeitsspeicher
- ein 80286-Prozessor mit 10 MHz Taktfrequenz
- eine 20-MB-Festplatte

- eine EGA-Farbgrafikkarte mit einer Auflösung von 640x350 Bildpunkten und 4 Farbebenen und
- eine microsoftkompatible Maus

erforderlich. Zur Zeit werden
- ein Spracheingabesystem für die CNC-Roboterprogrammierung (vgl. SCHERFF 101; SCHERFF 103, S. 20-24)
- ein CBT-Programm zur interaktiven Visualisierung rechnerinterner Vorgänge (vgl. GRAP 32) und
- ein Produktionsinsel-Prototyp (vgl. HORNUNG U. A. 65; HORNUNG 60)
entwickelt.

Die in Abb. 20 angegebenen Beispiele geben einen Einblick in die Einsatzbreite des Software-Entwicklungswerkzeugs. Das in Kapitel 5.1-5.3 beschriebene Entwurfsverfahren kam dabei noch nicht zum Einsatz. Im folgenden Kapitel 6 wird u.a. ein vollständiger Software-Gestaltungsprozeß beschrieben.

6   Empirische Untersuchung

Ein geeignetes Entwurfsverfahren für technische Software muß die hypothetischen und zum Teil empirisch gestützten Vorteile der hierarchischen Arbeitsgestaltung zur Gewährleistung des Aufgabenbezugs, der Schaffung von Spielräumen zur Gewährleistung inter- und intrapersoneller sowie situativer Flexibilität und der Anwendung geeigneter Interaktionstechniken zur Unterstützung eines aufgabengerechten und zugleich flexiblen Dialogs zur Wirkung kommen lassen. Dies kann im Vergleich zweier Software-Varianten belegt werden, die sich in ihrem konzeptuellen bzw. strukturanalytisch fundierten Gestaltungsansatz unterscheiden.

6.1 Voruntersuchungen

Bei der Konzeption und Evaluation einer für den empirischen Vergleich zweier Software-Versionen geeigneten Testaufgabe gilt es in Voruntersuchungen über entsprechende Aufgabenanalysen die Kriterien der Arbeitsgestaltung zu realisieren.

Zunächst wurden Anforderungen an die Aufgabeninhalte und den sie umgebenden Problemraum formuliert. Die Aufgabe sollte

1.   innerhalb eines technischen Problemraums angesiedelt sein

2.   technisches Grundverständnis voraussetzen,

3.   eine Bandbreite mentaler Anforderungen im Sinne der vier Grundklassen geistiger Arbeit (vgl. RUDOLPH U. A. 98, S. 8) beinhalten. Darunter sind

-    „reine Informationsaufnahme und

-    Übertragung einschließlich kurzzeitigen Speicherns als Wahrnehmen und Behalten

-    Urteilsprozesse beim Aufnehmen und Übertragen von Informationen unter Einschluß von Vergleichs-, Bewertungs- und Klassifikationsoperationen und damit eventuellen Entscheidungen

-    schematisches oder algorithmisches Denken

-    problemlösendes und problemstellendes bzw. schöpferisches nichtalgorithmisches Denken" (vgl. RUDOLPH U. A. 98, S. 8)

    zu verstehen.

4.   Geistige Routinetätigkeit und problemlösendes Handeln sollten in ausgewogenem Verhältnis angelegt sein.

5.   Das zentrale Konzept menschengerechter Arbeitsgestaltung, die Sicherstellung eines möglichst großen Tätigkeitsspielraums innerhalb der Aufgabenbearbeitung sollte realisiert werden.

6.   Eine möglichst realitätsnahe Aufgabenstellung in einem konkreten und anschaulichen Problemraum sollte formulierbar sein.

Diese Anforderungen wurden von der daraufhin konzipierten Testaufgabe „Rohrplanbearbeitung" (vgl. WAGNER 121, S. 73-126) erfüllt.

Die Rohrplanbearbeitung stellt in diesem Fall eine Aufgabe aus einer ganzheitlichen, komplexen Planungs- und Konstruktionstätigkeit im Bereich Kraftwerksbau dar.

Das Basismaterial für diesen Aufgabenausschnitt ist ein bereits existierender, zweidimensionaler Rohrplan, der bezüglich der drei Merkmale Rohrunterstützungspunkte, -arten und -platten ergänzt werden soll. Zusätzlich sollen diese Ergänzungen in einem Dokumentationssystem erfaßt werden. Als Randbedingung sollen Kostenfaktoren bei der Planung mitberücksichtigt werden. Hilfsmittel für diese Aufgabe stellen Informationen über die verwendeten Rohre, die Unterstützungsarten und Unterstützungsplatten dar. Bei der Reihenfolge der durchzuführenden Handlungen besteht ein gewisser Entscheidungsspielraum, der frei nach individuellen Präferenzen genutzt werden kann.

Die Aufgabenstellung wurde Experten (Ingenieuren) vorgelegt, die sie auf Realitätsnähe und Schwierigkeitsgrad überprüften. Eine weitere Expertengruppe (Psychologen) beurteilte den kognitiven Gehalt (Grundklassen geistiger Arbeit) der Aufgabenstellung.

Aufgrund der Expertenurteile kam es zu mehreren Modifikationen der Aufgabenstellung, bis schließlich nach Expertenurteil die oben genannten Anforderungen erfüllt waren.

In einem Pretest bearbeiteten 10 Vpn (Mitarbeiter des IAW) eine Papier- und Bleistift-Version der Aufgabe. Sie wurden aufgefordert, mittels der Methode des lauten Denkens (vgl. DEFFNER 14) ihre jeweiligen Vorgehensweisen zu verbalisieren. Fragen zum Aufgabenverständnis wurden schriftlich fixiert und führten zu einer teilweisen Umformulierung der Aufgabenstellung. In einigen dieser Voruntersuchungen wurde zudem mit der Methode der Videorekonstruktion gearbeitet, um sicherzustellen, daß ein möglichst umfangreicher Tätigkeitsspielraum für die Probanden in der Testaufgabe angelegt war. Dies konnte beobachtet werden.

Nach Auswertung der Vorversuche wurde die Endform der Testaufgabe als Entwicklungsgrundlage für die zu untersuchenden Software-Versionen verwandt.

Die Auslegung der Software erfolgte nach der in Kap. 4 und 5 beschriebenen Vorgehensweise. Als arbeitswissenschaftliche Verfahren zur Aufgabengestaltung wurden VERA/
RHIA bei der Erstellung des um Bewertungskategorien erweiterten RFA-Netzes (s. Kap.
4) und der Festlegung der Arbeitsaufgabe Rohrplanung als Teil einer Gesamttätigkeit
Anlagenkonstruktion eingesetzt. Über die Ausführungen in Kap. 4 wurde nicht hinausgegangen, d. h. der Verfahrenseinsatz und die Erstellung des RFA-Netzes erfolgte ma-
nuell und iterativ. Die Beschränkung auf einen Aufgabenbereich erleichterte dies. Eine
anspruchsvolle Gesamttätigkeit konnte daher vorausgesetzt werden.

Als Ergebnis liegt eine Liste von in Arbeitseinheiten überführten Teiltätigkeiten vor. Diese
stehen in der ersten Spalte der Entwurfstabelle (Tab. 1). Tabelle 1 gibt die Vorgehensweise für die Arbeitseinheiten AE1 und 2 sowie einen Teil der Arbeitseinheit 3 wieder.

R1 Den arbeitswissenschaftlich ermittelten AEs werden die
    Objekt Entitäten zugeordnet

R2 Zerlegung in die zur Erfüllung
    der AE *unbedingt* notwendigen Objekt Handlungspaare

[M] mit Problemlösen behaftete Handlungen

Ergänzungen um
Systemstartende und beendende Handlungen (R3)
Handbuch und Hilfe (R4)

Operationen und Werkzeuge

	Bezeichnung	Objekt Entität	Bezeichnung	Entität			R=Regelnummer		
AE 1	Vorbereiten und Orientieren	(Rohrlage)			Beginn	(Planung (Rohr))			
					Einsehen	(Handbuch)	R4	Hilfe	(Handbuch)
					Abfragen	(Hilfe)	R4	Hilfe	(Hilfe)
			Einrichten	(Arbeitsmittel (Zeichnungsbearbeitung)			R3	Start	(Rohrleitungsplan)
			+ Bereitstellen	(Zeichnung (Rohrlage))			R5	Laden	(Rohrlage)
			Festlegen	(Bearbeitungsanfang Rohrlage) [M]			R8	Fixi	
AE 2	Bestimmen	(U Punkt Rohrlage Rohre Rohrspezifikation)			Abfragen (Hilfe)		R4	Hilfe (Hilfe)	
			+ Informieren	(Rohrlage max /min freie Länge max /min Abstände Rohrspezifikation Zubehör)			R5	Zeichnung verkleinern	(Rohrlage)
							R5	Zeichnung in Ausgangsgröße	(Rohrlage)
							R5	Zeichnung vergrößern	(Rohrlage)
							R5	Information über Element erhalten	
							R8	Datenbank	(Rohrspezifikation Zubehör)
			Ausmessen	(Maße Rohre)			R5	Maßband	(Rohrspezifikation)
			Markieren	(Striche Rohre)			R5	Markierung	(Striche)
			Berechnen	(Abstand Rohre Zubehör) [M]			R6	Taschenrechner	
			Festlegen	(U Punkt Rohre) [M]					
			Zeichnen	(U Punkt Marke Rohre)			R5	Linien	(Linien)
			Konstruieren	(Alternative Rohrlage)			R4	Hilfe	(Hilfe)
				Anmerkung Konstruieren (Rohrlage) Elemente in Rohrlage (Rohre etc.) verlegen wenn keine U Punkte sinnvoll möglich (Rohrlage) alle graphischen Entitäten			R5	Neuanfang	(Rohrlage)
							R5	Neuzeichner (Rohrlage)	(Rohrlage)
							R5	Rohre	(Rohre)
							R5	Rohrbögen (Rohre)	(Rohre)
							R5	Wand	(Wand)
							R5	Mauerdurchbruch	(Durchbruch)
							R5	Typenkennung des Rohres	(Rohrspezifikation)
							R5	Linien	(Linie)
							R5	Kreisbogen	(Kreisbogen)
							R5	Rechteck	(Rechteck)
							R5	Texteingabe	(Text)
AE 3	Anbringen und Bestimmen	(Ankerplatte Anker plattenspezifikation Rohrlage U Punkte Ankerplatten Anker plattenspezifikation)			Abfragen (Hilfe)		R4	Hilfe	(Hilfe)
			Prüfen	(Ankerplatte vorhanden Ankerplatten)			R5	Zeichnung vergrößern	(Rohrlage)
							R5	Zeichnung in Ausgangslage	(Rohrlage)
			Anbringen	(Ankerplatte Ankerplatten Rohrlage U Punkt Marken) [M]			R5	Ankerplatten	(Ankerplatten)
			+ Auswählen	(Ankerplattenspezifikation Ankerplatten spezifikation Rohrlage U Punkt Marke) [M]			R8	Datenbank	(Ankerplattenspezifikation)
			Bezeichnen	(Text Ankerplattenspezifikation Text Ankerplatten)			R5	Texteingabe	(Text)

W/A	W Werkzeug / A eigenständige Applikation	(Spez.)	Infotyp	Operation	(Spez.)	direkt manipulativer Dialog
			U	Uhr	(Systemzeit)	Fenster
			HB	Suchen	(Hb Text)	Fenster
				Scrollen	(Hb Text)	Darstellung verschieben
				Texteingabe	(Hb Text)	Cursor
			Hi	assoziativ	(Operation)	Mauszeiger
W	File handle box	(Rohrlagen)				Fenster
W	Element aktivieren	(Rohrlage)	Gr	Widerrufen	(Operation)	Leiste
	Mehrere Elemente aktivieren	(Rohrlage)		Löschen	(Entität)	Leiste
	Element verschieben	(Rohrlage)		Ausschneiden	(Entität)	Leiste
				Einfügen	(Entität)	Leiste
				Kopieren	(Entität)	Leiste
				Duplizieren	(Entität)	Leiste
				Gruppieren	(Entität)	Leiste
				Gruppieren auflösen	(Entität)	Leiste
A	Datenbank	(Rohrspezifikation)	Db	s o		s o
				Auflisten	(Rohrspezifikation)	Leiste
				Suchen	(Rohrspezifikation)	Leiste
				Suchen partiell	(Rohrspezifikation)	Leiste
				Folgender Satz	(Rohrspezifikation)	rechte Maustaste
				Vorhergehender Satz	(Rohrspezifikation)	Leiste
				Ende		Leiste
W	Bemaßen					Leiste
	Maßlinien setzen					Leiste
W	Markieren					Leiste
W	Markierung setzen	(Striche)				Spalte
						Spalte
						Fenster
W	Linie ziehen	(Linie)				Spalte
						s o
W	Rohrstrecke aufziehen	(Rohre)				Leiste
W	Rohrbogen ziehen	(Rohre)				Leiste
W	Wand aufziehen	(Wand)				Spalte
W	Mauerdurchbruch aufziehen	(Durchbruch)				Spalte
						Spalte
W	Linie ziehen	(Linie)				Spalte
W	Kreisbogen ziehen	(Kreisbogen)				Leiste
W	Rechteck aufziehen	(Rechteck)				Spalte
W	s u	s u				Spalte
						Spalte
						Spalte
			Db	s o		A s o
						Leiste
						Leiste
W	Ankerplatte anbringen	(Ankerplatten)				Spalte
	Typkennung der Ankerplatte	(Ankerplattenspezifikation)				Leiste
						Leiste
W	Positionieren	(Text)				Spalte
	Eingabe	(Text)				
	Korrektur	(Text)				
	Ende					

Tab. 1 Entwurfstabelle

In einer weiteren Tabelle, der Regeltabelle (Tab. 2) werden die Entwurfsregeln aufgeführt, wobei über die zwingend zu formulierenden externen Regeln (Konsistenzbedingungen) hinaus auch die bereits in Kap. 5 beschriebenen inhärenten Regeln z. T. explizit formuliert werden.

R1:	Den arbeitswissenschaftlich ermittelten generalisierten AEs werden die Objekt-Entitäten zugeordnet (Aufgaben-Kontext, Objektbezug).
R2:	Die AEs werden in die zu ihrer Erfüllung **unbedingt** notwendigen generalisierten Objekt-Handlungspaare zerlegt.
R3:	Systemstartende und -beendende Operationen vorsehen (Start/Ende).
R4:	Zur allgemeinen Orientierung wird ein jederzeit einsehbares Handbuch, zur speziellen Orientierung eine auf die AEs abgestimmte assoziative Hilfe vorgesehen.
R5	
R5.1:	Den Objekt-Handlungspaaren werden Objekt-Operationspaare zugeordnet, die die Durchführung der Handlungen auf den entsprechenden Entitäten und deren Merkmale unterstützen und ermöglichen.
R5.2:	Komplexe Operationen, die gegenüber dem festgelegten Standard eine veränderte Funktionsweise der Interaktionsgeräte (Maus, Tastatur und Bildschirm) beim Verändern der Objekte erfordern, werden als Werkzeuge definiert.
R6	
R6.1:	Bei der manuellen Manipulation der Daten durch den Menschen wird ein auf den Datentyp zugeschnittenes Werkzeug zur Verfügung gestellt (z. B. Zahlen -> Taschenrechner, Strings -> Editor, Rechtschreibprüfer).
R6.2:	Da es nur wenige Datentypen gibt, diese aber in vielen Anwendungen auftreten, werden sie, sobald nötig, permanent zur Verfügung gestellt.
R7	
R7.1:	Zu objektmanipulierenden Operationen wird jeweils eine aufhebende Operation zur Verfügung gestellt („Widerrufen").
R7.2:	Objektmanipulierende Operationen werden jeweils um weitere so ergänzt, daß eine umfassende Kontrolle der Objektmanipulation möglich ist, um situativen Bedingungen gerecht zu werden. (z. B. Ergänzen von „Einfügen" durch „Verschieben", „Löschen" und sonstige Veränderungen).
R7.3:	Dies erfolgt zusammengefaßt auf den jeweiligen Infotyp bezogen.

R8	
R8.1:	Implizite Operationen stehen auch explizit zur Verfügung (z. B. wird bei „Programm verlassen" „Sichern" abgefragt, dann „Sichern" auch explizit zur Verfügung stellen).
R8.2:	Gleiche Operationen auf verschiedenen Infotypen werden gleich ausgeführt (z. B. Texteingabe).
R9	
R9.1:	Für jede Informationssicht erfolgt die Beschreibung der in ihr abgebildeten Operationen und Werkzeuge in der Terminologie der gewählten Interaktionstechnik.
R9.2:	Deren Struktur ist als erstes festzulegen. Entsprechende Regeln werden in R10 formuliert.
R10	Gewählte Interaktionstechnik: *Direkt manipulative Interaktion*.
R10.1:	*Jede Objekt-Informationstyp-Kombination erhält ein eigenes Fenster.*
R10.2:	*Jede Objekt-Informationstyp-Kombination kann über die Arbeitsflächenleiste angesprochen werden.*
R10.3:	*Operationen werden nach operativen Ähnlichkeiten in Menüleisten, Werkzeuge in Menüspalten angeboten.*
R10.4:	*Objekte können direkt mit der Maus angesprochen, Fensterinhalte und die Fenstertechnik direkt mit der Maus manipuliert werden.*
R10.5:	*Voreinstellbare Werkzeuge erhalten Parameter- und Variablentabellen in einem Fenster (z. B. Filehandlebox).*

Tab. 2.   Regeltabelle

In dieser Untersuchung soll im wesentlichen das beschriebene Entwurfsverfahren im Hinblick auf dessen inhärente Unterstützung einer aufgaben- und nutzergerechten Softwaregestaltung sowie dessen Offenheit zur Berücksichtigung externer Regeln und Kriterien geprüft werden. Deshalb werden mit R1 bis R8 Regeln formuliert, die aus den in Kapitel 5 formulierten Entwurfsgrundsätzen folgen. Die etwas pauschale Forderung nach einer „Komplettierung" der Werkzeugfunktionen in R7 spiegelt dies wider. Hier hätten weitere externe Regeln, wie sie in Kapitel 4 ansatzweise formuliert wurden, Eingang finden können, die jedoch u. U. das eigentliche Untersuchungsziel (inhärente Unterstützung) beeinflußt hätten.

Da die gewählte Interaktionstechnik ohnehin in Form externer Regeln zu berücksichtigen ist, soll deren Umsetzung und Wirkung mitbetrachtet werden (R9/R10).

Im ersten Schritt werden noch innerhalb der Spalte 1 der Entwurfstabelle den generalisierten Arbeitseinheiten die entsprechenden Objekt-Entitäten zugeordnet.

Im nächsten Schritt (Spalte 2) erfolgt die Zerlegung der Arbeitseinheiten in die Objekt-Handlungspaare, anschließend (Spalte 3) folgt die Ergänzung um systembedingte Handlungen und um Hilfefunktionen. In Spalte 4 und 5 werden die (EDV)-Operationen und Werkzeuge ausgelegt. Das häufige Auftreten von R5 stellt einen Hinweis auf die mögliche Notwendigkeit differenzierterer Regeln innerhalb R5 dar, denen der Softwareentwickler in der vorliegenden Form durch eigenes Wissen und Kreativität entsprochen hat. In Spalte 7 wird der u. U. bereits in Spalte 1 festgelegte Informationstyp zugewiesen, um die bereits angesprochene Komplettierung der Funktionen vornehmen zu können. Schließlich werden in Spalte 7 die Interaktionsgegenstände nach Regel 10 beigestellt.

Simultan zum schrittweisen Entwurf der Operationen und Werkzeuge wird die ER-Struktur der Objekte erstellt (s. Kap. 5). Abb. 22 gibt das hier vorliegende Entitäten-blockdiagramm wieder.

Die Entwurfstabelle (Dialogsatz) sowie das Objekt-Entitätenblockdiagramm stellen die Grundlage für die Kodierung dar. Da die Entwurfstabelle lediglich ein Instrument zur Festlegung der zu gestaltenden Entitätsmengeninhalte (s. Kap. 5) darstellt, können umfangreiche Dialogsätze direkt in einer entsprechenden Entity-Relationship-Datenbank erfaßt werden. Eine weitere Verfeinerung der Darstellung aus programmtechnischer Sicht ist möglich (vgl. OBERQUELLE 86, S. 120ff.), die Entscheidung hierüber sollte jedoch aus den von Keil-Slawik (vgl. KEIL-SLAWIK 69, S. 123-133) angeführten Gründen dem Softwareentwickler vorbehalten bleiben. Empfehlenswert ist jedoch von der Entwurfstabelle ausgehend die Beistellung einer Befehlsliste, die die Nutzung und Funktionsweise von Operationen und Werkzeugen verständlich beschreibt. Einerseits kann sie als Diskussionsgrundlage im Prototyping eingesetzt werden und erläutert die in der Entwurfstabelle knapp dargestellten Operationen und Werkzeuge, andererseits läßt sich direkt eine vollständige Nutzungshilfe ableiten. Tab. 3 gibt einen Ausschnitt des Dialogsatzes der entworfenen Rohrplanungssoftware wieder.

Entitätenblockdiagramm Rohrplan

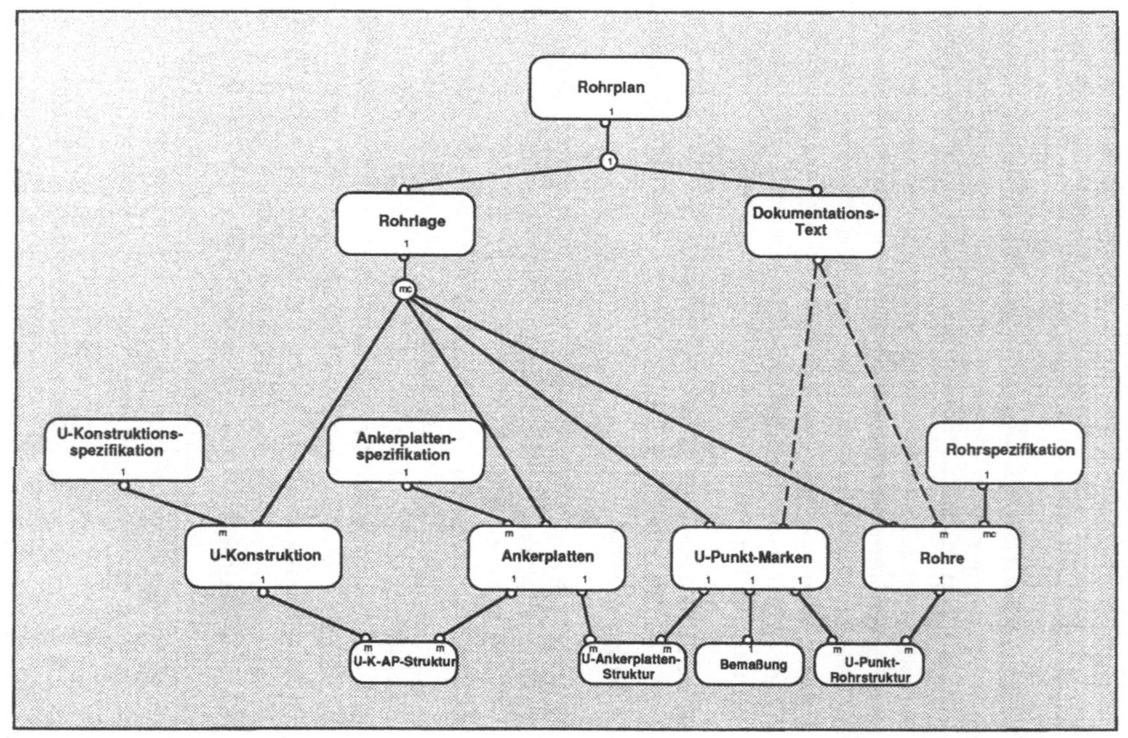

Abb. 22:   Entitätenblockdiagramm Rohrplan

I. Informationssichten

Rohrleitungsplan

Senkrechte Menüspalte:	stellt Werkzeuge dar, durch Auswahl eines Werkzeugs wird dieses aktiv. Der Mauszeiger-Pfeil wird zum Kreuz, Mausoperationen werden direkt als Werkzeugoperationen interpretiert und ausgeführt. Die Funktion der rechten Maustaste bleibt unabhängig vom Werkzeug immer erhalten.
Information über Element	Element mit rechter Maustaste anwählen
(Rohre oder Ankerplatten) erhalten	Datenbankfenster mit spezifischer Information erscheint
Pfeil (direkte Objektmanipulation):	Entweder
Element aktivieren:	Element aktivieren, wird durch Fangfunktion unterstützt, Element erscheint umrahmt
	oder
	Element einrahmen durch Aufziehen eines Rechtecks
mehrere Elemente aktivieren:	Elemente einrahmen durch Aufziehen eines Rechtecks (Gruppe aktivieren)
Element verschieben:	Aktiviertes Element verschieben

Texteingabe:

Positionieren:	Positionieren (Ein „_" erscheint als Laufzeiger des nächsten Zeichens)
Eingabe:	Zeichensatz über Tastatur
Korrektur:	„<-" (Pfeil links)-Taste
Ende:	Maustaste drücken (automatisch bei Anwahl einer anderen Bildschirmposition)

Bemaßung (Maßband):

Bemaßen:	Strecke von Anfangs- bis Endpunkt aufziehen, Maßlinie erscheint
Maßlinie setzen:	Maßlinie verschieben

Markierung (Lineal):

Markieren:	Strecke von Anfangs- bis Endpunkt aufziehen, variables Rechteck erscheint, relative Länge wird analog am oberen Fensterrand angezeigt
Markierung setzen:	bei Loslassen der Maustaste
	Markierung wird nicht abgespeichert

Linien:

Linie ziehen:	Linie aufziehen

Kreisbogen:

Kreisbogen ziehen:	Kreis auf richtigen Radius aufziehen
	Gerade aufziehen, die den Startwinkel des Kreisbogens beschreibt
	Gerade aufziehen, die den Endwinkel beschreibt
	Der Kreisbogen wird im Uhrzeigersinn gezeichnet

Rechteck:

Rechteck zeichnen:	Rechteck aufziehen

Rohre:

Rohre zeichnen:	Rohrstrecke aufziehen

Rohrbögen:

Rohrbogen zeichnen:	analog Kreisbogen

Ankerplatten:

Ankerplatte anbringen: linke obere Eckenposition anwählen
                                                Entsprechende Ankerplatte wird gesetzt

Tab. 3:   Dialogsatz (Ausschnitt)

6.2 Methode

Die Anwendbarkeit des konzeptuellen Entwurfsverfahrens wurde am Beispiel der Rohrplanbearbeitung aufgezeigt. Führt nun der Einsatz der daraus entwickelten Software beobachtbar zu den einleitend beschriebenen Vorteilen im Vergleich zu einer unter funktionalen Gesichtspunkten (s. Kap. 5.1) entwickelten Software, so wird die bessere Eignung des konzeptuellen Entwurfsverfahrens für die Entwicklung technischer Software unter der Zielsetzung, zugleich wirtschaftliche und persönlichkeitsförderliche Arbeit zu gestalten, belegt.

Das Ziel des Experiments ist folglich eine Untersuchung der Frage, ob zwei Software-lösungen, die hinsichtlich ihres Gestaltungsansatzes differieren, zu signifikanten und praktisch bedeutsamen Unterschieden im beobachtbaren Bearbeitungsverhalten der Probanden führen. Aufgrund der Annahme, daß eine zum subjektiven Handlungsspielraum (s. Kap. 3) inkompatible Softwarelösung zusätzliche mentale Ressourcen für die Handlungsplanung beansprucht, folgt die Voraussage, daß die zum subjektiven Handlungsspielraum inkompatible Software im Vergleich zur kompatiblen Software erhöhte Aufgabenbearbeitungszeiten und eine erhöhte Fehlerrate bei der Handlungsplanung und -durchführung verursacht.

Ein Rückschluß von erhöhter Bearbeitungszeit und erhöhter Fehlerrate auf eine inkompatible Software setzt allerdings voraus, daß die personenzentrierten Varianzquellen, wie z. B. technische Vorerfahrung für die Bearbeitung technischer Aufgaben sowie EDV-Vorkenntnisse in der Untersuchung kontrolliert werden. Dies wird in der vorliegenden Untersuchung einerseits durch eine genaue Eingrenzung der Versuchspersonenpopulation gewährleistet, andererseits durch mehrere Messungen und Übungen, welche zum Ziel haben, den Vpn den Aufbau vergleichbarer subjektiver Handlungsspielräume sowohl bezüglich der Softwareversionen als auch bezüglich des Problemraums der Aufgabe zu ermöglichen.

6.2.1 Untersuchungsteilnehmer

Die Untersuchungsteilnehmer waren Studenten und Studentinnen einer technischen Fachrichtung mit elementarer EDV-Erfahrung. Die Teilnehmergruppe setzte sich aus 74 Männern und 9 Frauen zusammen. Das Durchschnittsalter betrug 24 Jahre (S=3,489) und die Durchschnittssemesterzahl lag bei 6,64 (S=4,139).

6.2.2 Material

Zur Durchführung der empirischen Untersuchung wurden umfangreiche Materialien benötigt, die aus Platzgründen an dieser Stelle nicht wiedergegeben werden können. Der interessierte Leser kann die vollständige Materialsammlung in der Bibliothek des Forschungsinstituts für Rationalisierung an der RWTH Aachen einsehen.

6.2.2.1 Vortestmaterial

Das Material im Vortest bestand aus:
- einem dreiteiligen Vortestfragebogen,
- zwei Konstruktionssoftware-Versionen,
- Handbücher für jede Softwareversion, sowie
- Übungsaufgaben für jede Softwareversion.

Im Vortest wurde als erstes ein dreiteiliger Fragebogen eingesetzt, der sich aus einem demographischen Teil, einem EDV-(Vorkenntnis- und Erfahrungs-)Teil und einem Teil für technische Vorkenntnisse zusammensetzte.

Nach zufälliger Aufteilung in zwei Versuchsgruppen wurden die Vpn jeweils entweder mit der Softwareversion „Standard" (im folgenden T-Version genannt) oder mit der Softwareversion „Neu" (im folgenden als Y-Version bezeichnet) vertraut gemacht.

Beide Softwarelösungen sind eigens für diese Untersuchung entwickelt worden. In beiden Fällen standen dem Software-Entwickler das beschriebene Entwicklungswerkzeug zur Verfügung. Dies führte in Details bei Softwareversion T zu über handelsüblichen Standards liegenden Eigenschaften.

Beschreibung der Softwareversion T

Die Softwareversion T ist gezielt an handelsüblichen Standards orientiert und stellt neben der Realisation eines graphischen Programms eine Datenbank und eine Textverarbeitung als getrennte Programme in einer simulierten DOS-Umgebung zur Verfügung. Grundlage für die Entwicklung war die Maßgabe eines strukturanalytischen Entwurfs (s. Kap. 5) an die Entwickler. Die nur einzeln zu aktivierenden Programme entsprechen Standard-programmen und stellen aus strukturanalytischer Sicht ausreichend Funktionen zur Rohrplanbearbeitung zur Verfügung. Der hierbei beschränkte Aufgaben- und Handlungs-bezug führt zu bereits subjektiv erkennbaren Einschränkungen des graphischen Programms der Softwareumgebung T.

So ist es in dieser Softwareumgebung beispielweise nicht direkt möglich, ein Objekt auszumessen. Vielmehr ist durch Anwendung einer zum Benutzervorwissen relativ inkompatiblen Strategie, die aus der strukturanalytisch geprägten Entwicklung der Software resultiert, über eine Bemaßungsfunktion das Ausmessen zu realisieren. In Softwareversion Y steht neben einer Bemaßungsoperation auch eine Meßoperation zur Verfügung. Diese resultiert aus der Hierarchie der Aufgabengestaltungsgegenstände. Ihre Ableitung aus dem entsprechenden Handlungselement „Ausmessen" in AE2, Spalte 2 und 4, kann in der Entwurfstabelle nachvollzogen werden (Bemaßen: AE5).

Die in dieser Version(T) enthaltenen Funktionalitäten entsprechen jedoch im wesentlichen auch den in Softwareversion Y auftretenden Funktionalitäten.

Beschreibung der Softwareversion Y

Die Softwareumgebung Y bietet hingegen als Ergebnis des konzeptuellen Entwurfs (Kap. 5) die Möglichkeit ein graphisches Planungsprogramm, eine Dokumentation und ein Informationssystem mindestens bei zur Aufgabenerfüllung relevanten Teiltätigkeiten simultan anzuwenden. Dadurch stehen die jeweils benötigten Operationen und Werkzeuge im Aufgabenkontext zur Verfügung. Die direkt-manipulative Benutzerumgebung unter-stützt dies. Zusätzliche Erleichterungen erfährt der Benutzer dadurch, daß das Informationssystem assoziativ ausgelegt ist, d. h. ohne Verlassen des graphischen Pro-gramms Informationen über zuvor ausgewählte Objekte auf den Bildschirm liefern kann.

Auswertungsprotokolle

Aufbauend auf den Softwareumgebungen T und Y wurde ein über einfache Logfiles (Tastaturfolgelisten) hinausgehendes, rechnerbasiertes Protokollierungssystem entwickelt, mit dem man neben der gerade gewählten Programmart (Planen, Dokumentieren, Informationen nachschlagen) auch die Benutzeraktivitäten innerhalb dieser Programmteile aufzeichnen kann (Hintergrundprotokoll). Es unterstützt somit die Umsetzung eines hand-lungstheoretischen Aufgabenmodells in ein Beobachtungsschema. Dabei wird für jeden dieser Programmteile eine eigene Protokolldatei erstellt, die dann flexibel zu Gesamtprotokollsystemen zusammengebunden werden können.

Die Zusammenhänge der verschiedenen Einzelprotokolle werden dann jeweils für eine Vp in einem Gesamtprotokoll wiedergegeben.

Die Hintergrundprotokolle wurden sowohl während des Vortests als auch während des Haupttests erstellt und bildeten für die Auswertung der Ergebnisse die zentrale Grundlage. Das Protokollsystem erlaubte somit die Aufzeichnung jeder Aktion, im operativen bis semantischen Kontext.

6.2.2.2 Haupttestmaterial

Der Haupttest wurde mit der gleichen Probandengruppe nach etwa einwöchigem Abstand zum Vortest durchgeführt.

Das Material der Hauptphase bestand aus:
- einem für die Untersuchung gedrehten Videofilm von etwa drei Minuten Länge als Einführung in den Problembereich „Rohrleitungsunterstützung (Befestigung) in Kraftwerken",
- drei auf Papier zu lösenden Aufgaben zum Problembereich Rohrleitungsplanung und Rohrunterstützung,
- einem weiteren Übungsaufgabenblock für die beiden Softwareversionen T und Y
- sowie der eigentlichen Testaufgabe, bei der die Vpn Rohrleitungsunterstützungen mit Hilfe einer der beiden Softwareversionen T oder Y unter gegebenen Restriktionen auswählen, in einen Zeichnungsplan einsetzen und dokumentieren sollen.

Papieraufgaben

Zu Beginn der ersten Papieraufgabe zum Problembereich Rohrleitungsunterstützung wird den Vpn ein fiktives Szenario geschildert, in welchem sie im Rahmen ihrer Mitarbeit in einem Konstruktionsbüro für die Unterstützung (Befestigung) eines freiliegenden Wasserdampfrohres in einem Kraftwerk zuständig sind. Die erste Papieraufgabe der Vpn besteht darin, Punkte festzulegen, an denen das Rohr mit möglichst geringem Aufwand vorschriftsmäßig (d. h. unter Einhaltung bestimmter Randbedingungen) unterstützt wird. Zur Bearbeitung dieser Aufgabe steht den Vpn

- ein Gebäudeplan mit Ansichten,
- ein Blatt mit Zeichenerklärungen,

- ein Vorschriftenblatt zur Anordnung von Unterstützungen,
- und ein Formblatt für die Dokumentation der Unterstützungspunkte zur Verfügung.

In der zweiten Papieraufgabe bleibt das Szenario gleich, jedoch wird die Aufgabe dadurch erschwert, daß unterschiedliche Unterstützungsarten angeboten werden (die unterschiedliche Kostenfaktoren darstellen), und daß zudem die Abmessungen schon im Gebäudeplan vorhandener Ankerplatten (zur Befestigung der Rohrunterstützungen) bzw. noch zu installierender Dübelplatten zu berücksichtigen sind. Ansonsten verfügen die Vpn über das gleiche Material wie in der ersten Aufgabe.

In der dritten Papieraufgabe kommt als weiterer Schwierigkeitsgrad der Aspekt dazu, daß an einer bestimmten Stelle des Rohrplans (der bei Aufgabe 1 und 2 identisch ist) eine Abzweigung hinzugekommen und auch der Rohrdurchmesser verändert ist. Durch die Veränderung des Rohrdurchmessers werden die Randbedingungen für die Unterstützungspunkte variiert.

Weiterhin kommen im Haupttest wieder Übungsaufgaben zur Anwendung, die dazu dienen, die im Vortest erlernte Bedienung der Softwareversionen ein weiteres Mal zu wiederholen.

Testaufgabe

Zur Bearbeitung der eigentlichen Testaufgabe (Targetaufgabe), der Planung einer Rohrleitungsunterstützung mit Hilfe einer der beiden Softwareversionen, steht den Vpn ein in den Softwarelösungen abgespeicherter Gebäudeplan in Draufsicht auf einen Boden zur Verfügung. Dies soll zu einer geringfügigen Steigerung des Schwierigkeitsgrades gegenüber der Papierversion führen, da auf den Plänen der Papieraufgaben vertikale Rohre tatsächlich vertikal verlaufen (Wandansicht) und diese laut Instruktion nicht zu unterstützen sind. Bei Draufsicht auf den Boden verlaufen auf dem Plan vertikal eingezeichnete Rohre tatsächlich jedoch horizontal und sind somit in der Unterstützungsplanung zu berücksichtigen. Weiterhin können die Vpn über die bereits aus den Papierversionen bekannten Zeichenerklärungen und Formblätter zur Dokumentation der Unterstützungspunkte verfügen. Darüber hinaus erhalten die Vpn ein für diese Aufgabenbearbeitung aktualisiertes Handbuch, in welchem die Erweiterungen der Softwarefunktionen im Vergleich zur Übungsversion beschrieben sind.

Fragebogen

Nach Beendigung der Testaufgabe sollten die Vpn einen Fragebogen zu dem Aspekt der Bedienbarkeit, der Produktivität und der persönlichen Einstellung zu der Untersuchung beantworten. Der rechnergestützte Fragebogen besteht aus 22 Aussagen wie z. B. „Die Menüs erleichtern einem neuen Benutzer den Umgang mit dem Programm." Diese Aussagen können auf einer neunstufigen Skala von „stimme zu" bis „stimme nicht zu" beantwortet werden. Zusätzlich gibt es eine neutrale Antwortmöglichkeit „keine Antwort". Die Vpn können Ihre Antwort dadurch auswählen, indem sie mit Hilfe der Maus das zu dem jeweiligen Skalenpunkt gehörige Antwortkästchen anklicken.

6.2.3 Geräte

Die Geräte, die für die Durchführung des Experimentes eingesetzt wurden, waren neben einem handelsüblichen VHS-Videorecorder und TV-Farbmonitor 5 IBM AT-kompatible Rechner mit I80386-Prozessor, 16Mhz Taktfrequenz, 640KB Arbeitsspeicher mit 2MB Speichererweiterung, 30MB Festplatte, EGA-Farbgraphikkarte mit Farbmonitor, Microsoft-Maustreiber und Maus.

6.2.4 Versuchsplan

Den Ablauf der Untersuchung gibt Abbildung 23 wieder.

Das Ziel der Untersuchung war es, einerseits signifikante und praktisch bedeutsame Unterschiede im Bearbeitungsverhalten der Probanden in Abhängigkeit von der verwendeten Softwareumgebung festzustellen. Andererseits galt es, dafür Sorge zu tragen, daß die erwarteten Unterschiede im Bearbeitungsverhalten nicht zu stark mit interindividuellen Unterschieden konfundiert waren, d. h. es war der Nachweis dafür zu führen, daß die interindividuellen Unterschiede (personenzentrierte Varianzen), die das Bearbeitungsverhalten ebenfalls beeinflussen, von stärkeren, softwareabhängigen Effekten überlagert werden. Um diese Ergebnisse erzielen zu können, wurde der in Abb. 23 dargestellte Versuchsplan verfolgt.

Um die oben genannten Anforderungen zu erfüllen, mußten die Probanden mehrere Untersuchungsphasen durchlaufen, welche im Hinblick auf das Untersuchungsziel unterschiedliche Bedeutungen tragen. Sie sollen im folgenden erläutert werden.

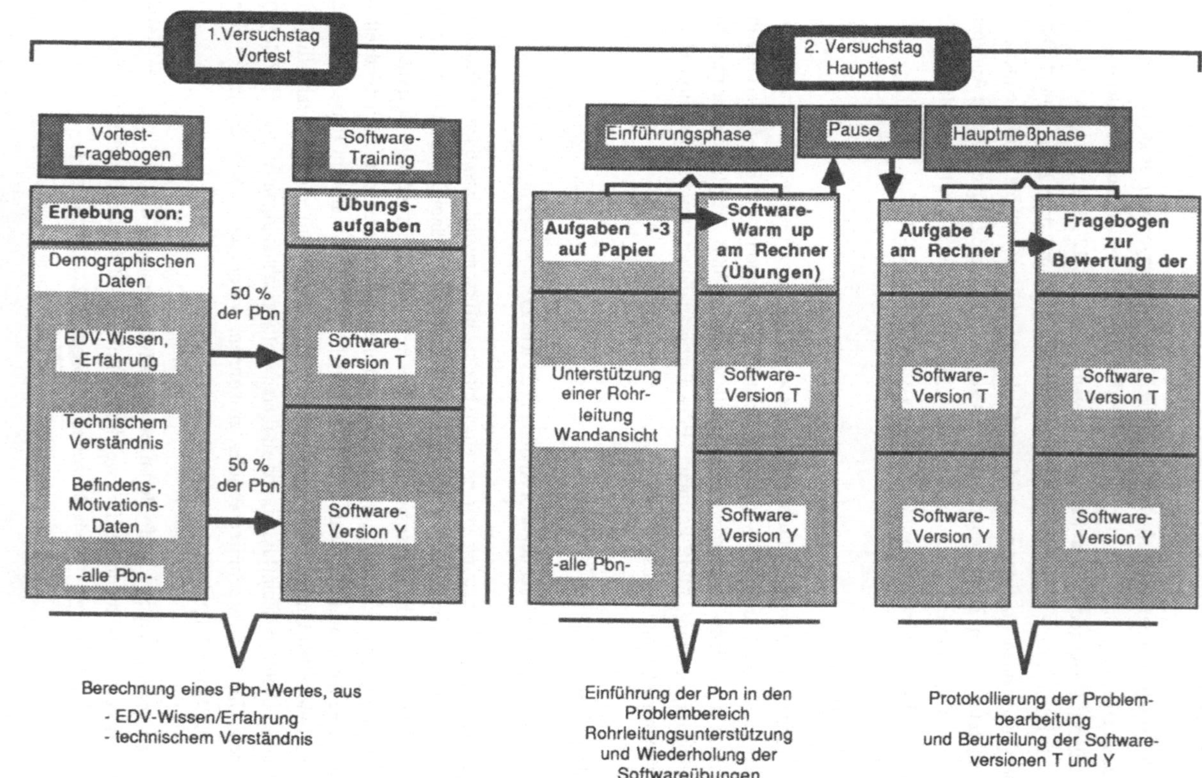

Abb. 23:   Versuchskonzeption

Vortest

Während der Vortestphase am ersten Untersuchungstag hatten die Probanden zur Aufgabe, zum einen den Vortest-Fragebogen auszufüllen und im Softwaretraining die Bedienung der jeweiligen Softwareversionen zu erlernen. Der Vortestfragebogen dient dabei als Meßinstrument zur Beschreibung der Probandenpopulation hinsichtlich demographischer Aspekte, EDV-Vorkenntnisse, -Vorerfahrung -Motivation und technischen Vorkenntnissen der Probanden.

Diese Kriterien dienen einerseits der Überprüfung der Homogenität der Probanden hinsichtlich dieser für das Bearbeitungsverhalten in der späteren Targetaufgabe kritischen Parameter. Andererseits kann mit Hilfe von Korrelationsanalysen überprüft werden, inwiefern diese Parameter valide Prädiktorgrößen für die in den Hintergrundprotokollen des ersten Softwaretrainings festgehaltenen Ergebnisse darstellen. Das Softwaretraining diente zudem dem Ziel, die Probanden auf eine nach Möglichkeit homogene Interaktionskompetenz mit den beiden Softwareversionen zu bringen.

Haupttestphase

In der Haupttestphase am zweiten Untersuchungstag mußten die Probanden zuerst eine Einführungsphase und dann die Hauptmeßphase durchlaufen. Der erste Teil der Einführungsphase, die Einführung in den Problemraum der Rohrunterstützung hat den Zweck des Aufbaus eines Verständnisses für den Problemraum der Rohrunterstützung, d. h. alle Probanden sollen nach der Beendigung der dritten Papieraufgabe in die Lage versetzt sein, eine Rohrplanbearbeitung selbständig und richtig durchzuführen. Außerdem sollten individuelle Unterschiede in den technischen Vorkenntnissen durch Üben ausgeglichen werden.

Diese Phase bildete mit den Softwareübungsphasen die Grundlage für die Bearbeitung der Targetaufgabe in der Hauptmeßphase.

Der zweite Teil der Einführungsphase war das Software-Warm-Up. Hier sollten die Probanden nochmals ihre Interaktionskompetenz mit ihrer Softwareversion trainieren. Dieser Teil dient aber auch der Überprüfung zwischenzeitlicher Lern- oder Vergessenseffekte bei den Probanden, d. h. die Hintergrundprotokolle dieser Phase werden mit dem Protokoll aus der Vortestphase auf Lern- bzw. Vergessenseffekte überprüft.

In der Hauptmeßphase bearbeiteten die Probanden nun die Targetaufgabe, d. h. sie lösten eine Rohrplanunterstützungsaufgabe mit der von ihnen erlernten Softwareumgebung.

Unter der Annahme, daß erstens alle Probanden sowohl die Interaktion mit ihrem System vollständig erlernt haben, d. h. alle Funktionen ihrer Software erkannt haben und daß zweitens alle Probanden über das vollständige Verständnis des Problemraums einer Rohrunterstützung verfügen, können die erwarteten Unterschiede im Bearbeitungsverhalten der Probanden zwischen den Softwareversionen in der Targetaufgabe auf systematische Effekte der beiden Softwareversionen zurückgeführt werden. Der Fragebogen am Ende der Hauptmeßphase diente zur Überprüfung dieser Unterschiede anhand subjektiver Urteile.

6.3 Diskussion

Die Diskussion bezieht sich auf die Ergebnisse umfangreicher, statistischer Untersuchungen, die an dieser Stelle aus Platzgründen nicht explizit aufgeführt werden können. Der interessierte Leser kann die ausführlich dargestellten statistischen Auswertungen jedoch in der Bibliothek des Forschungsinstituts für Rationalisierung an der RWTH Aachen einsehen.

6.3.1   Diskussion der Vortestergebnisse

6.3.1.1   Analyse der Probandenpopulation anhand des Vortestfragebogens

Die Auswertung des Vortestfragebogens hat gezeigt, daß sich die durch Zufallsaufteilung gebildeten experimentellen Gruppen T und Y nicht hinsichtlich ihrer Ergebnisse in den EDV- und Technik-Fragebogenteilen unterscheiden. Diese Homogenität der beiden experimentellen Gruppen gestattet, die in den nachfolgenden Analysen gefundenen unterschiedlichen Ergebnisse zwischen den beiden Softwareversionen auch kausal, also durch Unterschiede zwischen diesen Softwareversionen verursacht, zu interpretieren.

Die Vorauswahl der Versuchsteilnehmer als Studenten technischer Studiengänge hat zu einer annähernden Gleichverteilung der Technik-Vorkenntnisse geführt. Dies wird bei Betrachtung der Abbildung 24 (Scattergramm T & Y) deutlich.

Anhand von t-Tests wurde gezeigt, daß sich die beiden experimentellen Gruppen hinsichtlich ihres technischen Vorverständnisses nicht unterscheiden. Deshalb kann eine unterschiedliche Ausprägung dieses Merkmals in den experimentellen Gruppen als Ursache für Effekte in den abhängigen Variablen ausgeschlossen werden. Die Annahme der Normalverteilungshypothese für die EDV-Vorkenntnisse deutet allerdings auf größere Unterschiede dieses Merkmals in der gesamten Probandenstichprobe hin.

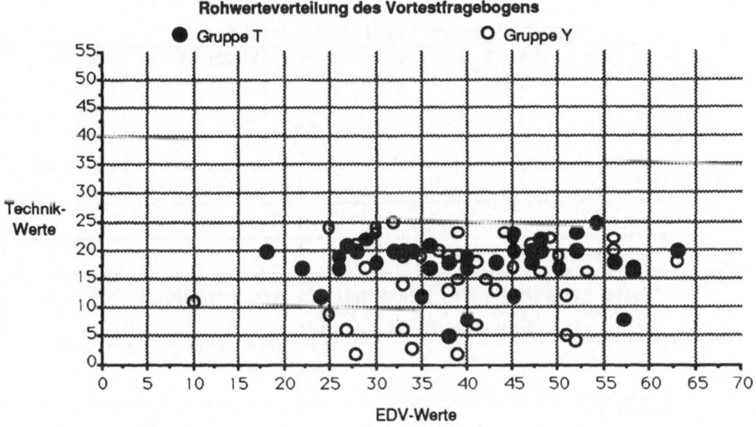

Abb. 24:   Scattergramm T & Y

Das Merkmal EDV-Vorkenntnisse ist deshalb als möglicher Störfaktor in den weiteren Auswertungen mitberücksichtigt worden.

6.3.1.2 Varianzanalytische Auswertung der Softwareübungen im Vor- und Haupttest

Die Ergebnisse varianzanalytischer Untersuchungen (ANOVA: Analysis of Variance) mit den Faktoren „Software (T und Y)" und „EDV-Vorkenntnisse" (hoch/niedrig) und der abhängigen Variablen „Bearbeitungszeit der Übungsaufgaben" werden im folgenden dargestellt.

Im Rahmen der Vortestübungen werden beide Faktoren im Fixed Factor-Modell (mit festen Faktorstufen für Faktor B EDV-Werte hoch und niedrig und Softwareversion Y und T) auf dem 1% Niveau signifikant (Tab. 4: ANOVA mit AV: Bearbeitungszeit der Übungen im Vortest und Abb. 25), und zwar einerseits derart, daß Probanden mit niedrigen EDV-Werten generell wesentlich längere Bearbeitungszeiten für die Übungen aufweisen als Probanden mit hohen EDV-Werten. Der zweite Effekt besteht darin, daß alle Probanden in der T-Gruppe wesentlich längere Bearbeitungszeiten aufweisen als in der Y-Gruppe. Beim Vergleich der Unterschiede der Bearbeitungszeitenmittelwerte zwischen den Probanden mit hohen bzw. niedrigen EDV-Vorkenntnissen innerhalb der Experimentalgruppen T und Y fällt auf, daß die Differenz innerhalb der T-Gruppe doppelt so groß wie innerhalb der Y-Gruppe ist.

<table>
<tr><td colspan="3" align="center">Ergebnistabellen zur zweifaktoriellen Varianzanalyse
(„mit Proportionalitätsausgleich")</td></tr>
<tr><td colspan="3">Faktor A: Softwareversion Y, T: d.h. 2-stufig / Faktor B: EDV-Vorkenntnisse hoch, niedrig: d.h. 2-stufig / abhängige Variable: Summe der Übungszeiten Vortest (nur zwischen Gruppe Y und T vergleichbare Zeiten)</td></tr>
<tr><td>Zellenhäufigkeiten</td><td colspan="2" align="center">A: Software</td></tr>
<tr><td>B: EDV-Vorkenntn.</td><td align="center">Y</td><td align="center">T</td></tr>
<tr><td>hoch</td><td align="center">20</td><td align="center">18</td></tr>
<tr><td>niedrig</td><td align="center">20</td><td align="center">18</td></tr>
</table>

Mittelwerttabelle des Merkmals in der jeweiligen Faktorstufenkombination

A: Software

B: EDV-Vorkenntn.	Y	T
hoch	2664,51	3140,77
niedrig	3401,13	4712,04

Ergebnistabelle:

Q. d. V.	Q S	df(Q.d.V.)	Varianzen	emp. F-Werte
Faktor A	15129362,32	1	15129362,32	17,51**ω^2_A= 0,135
Faktor B	24346413,21	1	24346413,21	28,18**ω^2_A= 0,221
Interakt. AxB	3299870,62	1	3299870,62	3,82
Fehler	62200647,30	72	863897,88	
Total	104976293,44	75		

Die resultierenden F-Werte sind mit df(Q.d.V.)-Zählerfreiheitsgraden und df(Fehler)-Nennerfreiheitsgraden F-verteilt. Der Effekt eines Faktors, bzw. der Interaktion ist somit signifikant zum α-Niveau (=1% oder 5%), wenn der entsprechende Wert in der Spalte „emp. F-Werte" größer als die jeweilige Ablehnschranke zum α-Niveau ist. Die Ablehnschranke bei einem Zählerfreiheitsgrad und 72 Nennerfreiheitsgraden liegt zwischen den unten angegebenen Ablehnschranken zum jeweiligen α-Niveau.

Tabelle der Ablehnschranken:

	F(1,60, 1-α)	F(1,80, 1-α)
α=1%	7,077	6,964
α=5%	4,001	3,961

Tab 4:   ANOVA mit abhängiger Variable: Bearbeitungszeit der Übungen im Vortest

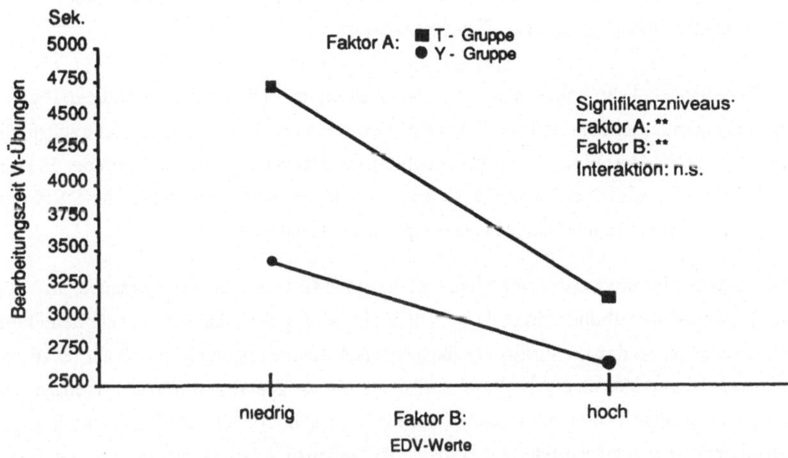

Abb. 25:   Mittelwerte der Bearbeitungszeiten der Vortest-Übungen

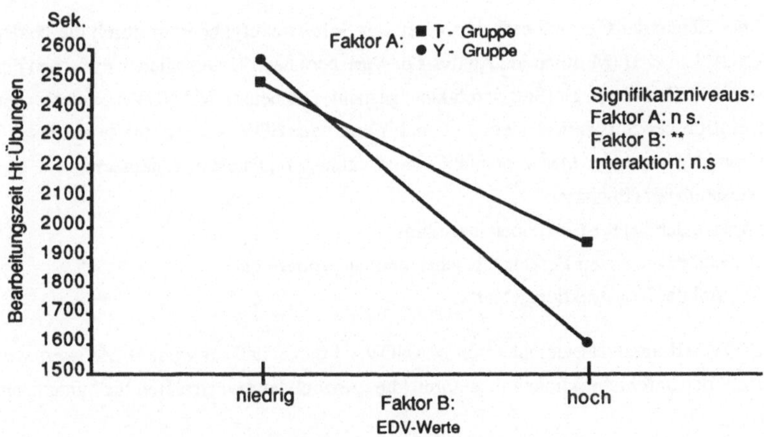

Abb. 26:   Mittelwerte der Bearbeitungszeiten der Haupttest-Übungen

Dieser Interaktionseffekt der EDV-Vorkenntnisse mit den experimentellen Gruppen liegt jedoch unterhalb der statistischen Signifikanzgrenze.

Die Ergebnisse der varianzanalytischen Auswertung der Übungen während der Haupttestphase zeigen jedoch, daß die Softwareeffekte aus der Vortestübung nicht zeitstabil sind. In der Wiederholung der Softwareübung im Haupttest wird nur noch der Faktor „EDV-Vorkenntnisse" auf dem 1% Niveau signifikant (Abb.26 und Tab. ANOVA mit AV: Bearbeitungszeit der Übungen im Haupttest im Anhang).

Die Ursache hierfür ist darin zu finden, daß in beiden Gruppen die Übungsinhalte im Vor- und Haupttest sehr ähnlich sind und vor allem die Lösung der Übungsziele sehr detailliert beschrieben ist, so daß die Probanden die gelesenen Anweisungen eigentlich nur umzusetzen brauchen und keine eigene Problemlösungsschritte generieren müssen. Werden mit einer zum subjektiven Handlungsspielraum inkompatiblen Softwarelösung durch quasi schrittweise, genaue Instruktionen einfache Aufgabenziele bearbeitet, so verringert sich der anfängliche zeitliche Nachteil für diese inkompatible Software. Von größerer Bedeutung ist unter den oben beschriebenen Umständen der Faktor „EDV-Vorkenntnisse", denn dieser erleichtert die Umsetzung der Instruktionen in den einzelnen Aufgaben.

5.3.2 Diskussion der Haupttestergebnisse

Auf der Ebene der Gesamtbearbeitungszeit der Softwareaufgabe wird durch die beiden MANOVAs I & II (Multivariate Analysis of Variance) nach Unterschieden zwischen den experimentellen Gruppen (Softwarefaktor) gesucht. Die beiden MANOVAs untersuchen den Einfluß der Softwareversionen (T und Y) und der EDV-Vorkenntnisse auf jeweils drei von insgesamt vier Meßwerten (abhängige Variablen) gleichzeitig, nämlich:
„Gesamtbearbeitungszeit"
„Anzahl der Befehlsfunktionen insgesamt"
„Anzahl der reversen Befehle" (löschen und widerrufen) und
„Anzahl der Konstruktionsfehler".

MANOVA II unterscheidet sich von MANOVA I darin, daß als zweiter Meßwert statt „Anzahl der Befehlsfunktionen insgesamt" die „Anzahl der reversen Befehle" untersucht wird.

Bei der Betrachtung der Ergebnisse sind für MANOVA I (s.Tab. 5: MANOVA I) und MANOVA II (Tab. MANOVA II im Anhang) recht unterschiedliche Effektausprägungen festzustellen. So wird z. B. der Faktor B (EDV-Vork.) nur in MANOVA I im Zusammenhang mit der abhängigen Variablen „Anzahl der Befehlsfunktionen insgesamt" auf dem 1%-Niveau signifikant. Faktor A (Software) wird hierbei zunächst auf dem 5%-Niveau signifikant. In MANOVA II (Anzahl der reversen Befehle) verschwindet der Effekt von Faktor B (EDV) ganz, der Effekt von Faktor A (Software) wird dafür auf dem 1%-Niveau signifikant. In Abb. 27 werden die Signifikanzniveaus der Effekte von Faktor A und B für jede MANOVA getrennt dargestellt. Auf der Basis der Mittelwerttabellen von MANOVA I & II läßt sich vermuten, daß die Signifikanz von Faktor B (EDV) in MANOVA I einzig durch die Variable „Anzahl der Befehlsfunktionen insgesamt" entsteht, da im Zusammenhang mit dem Meßwert „Anzahl der reversen Befehle" in MANOVA II der Faktor B nicht mehr signifikant wird.

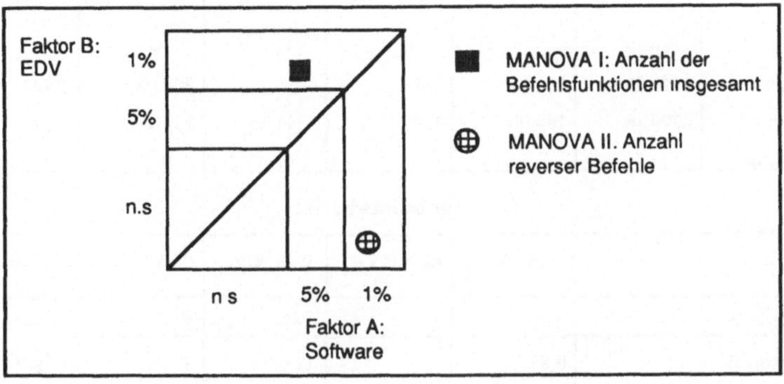

Abb.27:   Signifikanzniveaus von Faktor A und B in MANOVA I & II

Diese Vermutung läßt sich anhand einer ANOVA (Varianzanalyse) mit der abhängigen Variablen „Anzahl der Befehlsfunktionen insgesamt" allerdings nicht bestätigen, denn in dieser ANOVA zeigten sich weder für Faktor A noch für Faktor B signifikante Effekte (Abb. 28 und Tab. ANOVA mit AV: Anzahl aller Aktionen in der Hauptmeßphase im Anhang).

Ergebnistabelle zur multivariaten, zweifaktoriellen Varianzanalyse

Faktor A: Softwarefaktor, Stufen Y und T
Faktor B: EDV-Vorkenntnisse, Stufen hoch und niedrig

abhängige Variablen:	V1=Bearbeitungszeit der Aufgabe
p=3	V2=Anzahl aller Aktionen
Zellenhäufigkeit n=17	V3=Konstruktionsfehler Anzahl

Mittelwerttabelle der Merkmale in der jeweiligen Faktorstufenkombination

Software

	Y			T		
	V1=Bearb.	V2=Anz.	V3=Konstr.	V1=Bearb.	V2=Anz.	V3=Konstr.
EDV-Vork. hoch	5999,29	231,76	1,94	6989,35	300,82	1,94
niedrig	6279,18	194,00	1,88	7344,35	239,41	2,59

Ergebnistabelle:

Q. d. V.	Lambda	df(Q. d.V.)	Teststat.V.	df(V)	
Faktor A	0,86	1	9,58*	3	$\omega^2_A=0,128$
Faktor B	0,82	1	12,07**	3	$\omega^2_B=0,161$
Interaktion AxB	0,97	1	1,93	3	
Fehler		64			

Die resultierenden V-Werte sind mit df(V) Freiheitsgraden approximativ Chi^2 verteilt. Der Effekt eines Faktors, bzw. der Interaktion ist somit signifikant zum α-Niveau (=1% oder 5%), wenn der entsprechende Wert in der Spalte „Teststat. V" größer als die jeweilige Ablehnschranke zum α-Niveau ist.

Tabelle der Ablehnschranken:

	Chi^2 (3,1-α)
α=1%	11,3449
α=5%	7,81473

Tab. 5:   Manova I

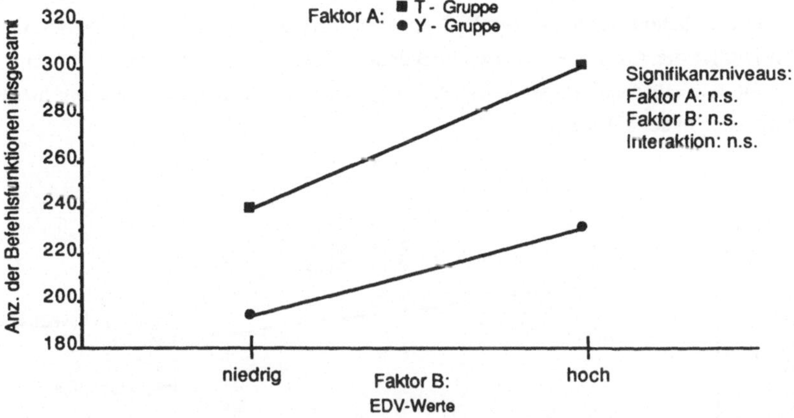

Abb. 28:   Mittlere Häufigkeit der Befehlsfunktionen in der Haupttestphase

Eine ANOVA mit der abhängigen Variablen „Anzahl der Konstruktionsfehler" hat erwartungsgemäß zu keinen signifikanten Ergebnissen geführt. Der hoch signifikante Effekt für Faktor B in MANOVA I kann also nicht an einer einzelnen abhängigen Variablen beobachtet werden, sondern entsteht vielmehr durch die gleichzeitige Betrachtung der Kovarianzen der abhängigen Variablen in MANOVA I.

In MANOVA II zeigt sich für den Faktor A (Software) ein besonders starker Effekt (ϖ_A^2 =0,421 im Vergleich zu $\varpi_A^2 = 0,161$ in MANOVA I), der sich auch in den ANOVAs mit den abhängigen Variablen „Gesamtbearbeitungszeit" auf dem 1% Niveau und „Anzahl reverser Funktionen" auf dem 5% Niveau nachweisen läßt. Der hohe Wert für die Effektstärke von Faktor A (ϖ_A^2 =0,421) in der MANOVA II ist ein Indiz dafür, daß dieses Set abhängiger Variablen die Unterschiede zwischen Software T und Y im Vergleich zur MANOVA I am deutlichsten darstellt.

Schlußfolgernd aus MANOVA I und II und den daraus abgeleiteten ANOVAs läßt sich feststellen, daß der Effekt von Faktor B (EDV) auf Gesamtphasenebene (alle drei Bearbeitungsphasen zusammengenommen, s.u.) an einzelnen Meßwerten nicht nachweisbar ist, daß er allerdings in MANOVA I bei gleichzeitiger Betrachtung der abhängigen Variablen „Gesamtbearbeitungszeit", „Anzahl der Befehlsfunktionen insgesamt" und „Anzahl der Konstruktionsfehler" durchaus nachzuweisen ist.

Der Effekt von Faktor A (Software) hingegen läßt sich sowohl an der „Gesamtbearbeitungszeit" (Abb. 29) als auch an der „Anzahl reversibler Funktionen" einzeln nachweisen. Der Effekt von Faktor A auf die Bearbeitungszeit wirkt sich so aus, daß die Gesamtbearbeitungszeiten in der Y-Gruppe im Vergleich zur T-Gruppe kürzer sind. Hinsichtlich der Anzahl der reversen Funktionen („löschen" und „widerrufen" in der Y-Gruppe und „löschen" in der T-Gruppe) zeigt sich eine häufigere Benutzung dieser Funktionen in der Y-Gruppe.

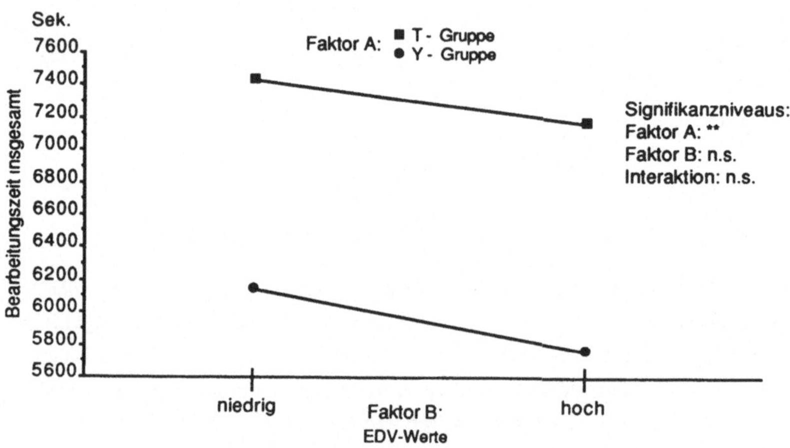

Abb. 29: Mittlere Berarbeitungszeiten in der Hauptmeßphase

Um die beiden Softwareversionen Y und T besonders deutlich unterscheiden zu können, wurde die Gesamtaufgabe durch einen programmierten Algorithmus in drei Bearbeitungsphasen unterteilt. Diese Bearbeitungsphasen sind die Orientierungs-, die Konstruktions- und die Dokumentationsphase. Die Vermutung, daß sich die beiden Softwareversionen Y und T in der Konstruktionsphase besonders deutlich unterscheiden lassen, hat sich anhand der Ergebnisse der MANOVA`s III & IV (s. Tab. MANOVA III & IV im Anhang), die nur die Konstruktionsphase einbeziehen, bestätigt.

Werden die Maße der Effektstärken (ω^2) von MANOVA I mit MANOVA III verglichen, so ist bei beiden Faktoren eine Erhöhung der Effektstärken in MANOVA IV festzustellen. In MANOVA IV werden die insgesamt größten Effektstärken ermittelt. So erzielt Faktor A eine Effektstärke von $\omega_A^2 = 0,40$ und Faktor B ein $\omega_B^2 = 0,21$, was einer aufgeklärten Varianz in den drei abhängigen Variablen von fast 61% entspricht. Besondere Beachtung verdient hier die Tatsache, daß in MANOVA IV der Faktor EDV-Vorkenntnisse das 5% Signifikanzniveau wieder erreicht, d.h. in der Konstruktionsphase haben die EDV-Vorkenntnisse der Benutzer wieder einen Einfluß auf die abhängigen Variablen. In Abb. 30 werden die Signifikanzniveaus der Effekte von Faktor A und B für die MANOVA III und IV ebenfalls getrennt dargestellt.

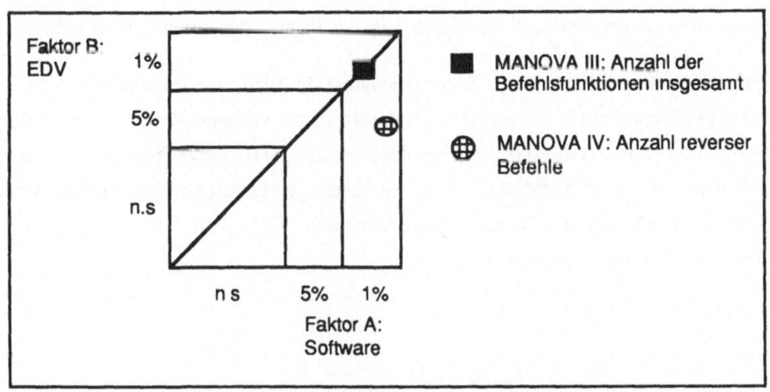

Abb. 30:   Signifikanzniveaus von Faktor A und B in MANOVA III & IV

Die Beobachtung aus den Gesamtphasenuntersuchungen, daß der EDV-Faktor nicht an einer einzelnen abhängigen Variablen festzustellen ist, trifft auch für die Konstruktionsphase zu. Die ANOVAs zur Konstruktionsphase zeigen nur hoch signifikante Effekte für den Softwarefaktor, allerdings mit Ausnahme der ANOVA mit der AV „Anzahl reverser Funktionen". In dieser ANOVA wird weder Faktor A noch Faktor B signifikant. Insgesamt kann die Abschwächung des EDV-Faktors als ein Erfolg der Trainingsmaßnahmen während der Vor- und Haupttestphase gewertet werden.

Hinsichtlich der Softwareunterschiede läßt sich feststellen, daß die T-Gruppe eine signifikant längere Bearbeitungszeit für die Orientierungs- und die Konstruktionsphase benötigt und daß in der Konstruktionsphase signifikant mehr Aktionen durchgeführt werden. In der Dokumentationsphase gibt es hinsichtlich der Bearbeitungszeit keine Unterschiede zwischen den Gruppen. Dies ist aufgrund der hohen Ähnlichkeit der Funktionalitäten beider Programmsysteme in diesem Bereich auch nicht anders zu erwarten.

6.3.3 Evaluation der theoretischen Annahmen

Zur Evaluation der theoretischen Annahmen und zur Erklärung der oben beschriebenen
Effekte wurden drei entwurfsbedingte Software-Eigenschaften untersucht. Diese entwurfsbedingten Eigenschaften der Y-Version sind der Aufgabenbezug der Programm-
funktionen, die entwurfsbedingte Flexibilität und das Prinzip der direkten Manipulation.

Der Aspekt der „Flexibilität" zeigt dabei besonders deutlich, wie sensibel die Vpn Ihre
Bearbeitungsstrategie einer Aufgabe im Hinblick auf die vorhandenen Funktionalitäten
eines Programms anpassen. So hat das objektorientierte, assoziative Informationssystem
der Y-Version dazu geführt, daß die Vpn der Y-Gruppe viel häufiger diese Option benutzt
haben, da sie direkt im Handlungsvollzug verfügbar war (Abb. 31 und im Anhang:
ANOVA mit AV: Informationsabfragen).

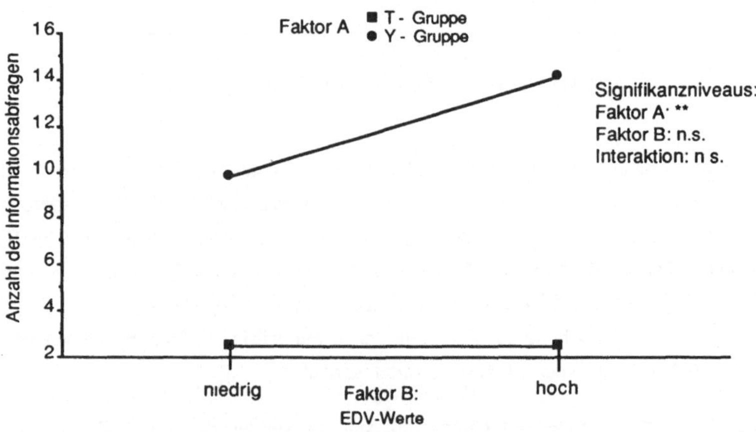

Abb. 31:   Mittlere Häufigkeit der Informationsabfragen

Diese Annahme wird auch durch die Ergebnisse einer zusätzlich durchgeführten
Clusteranalyse gestützt. Pro Vpn-Gruppe wurde mit den jeweiligen Protokolldateien der
Befehlssequenzen zwei Clusterdurchgänge berechnet, und zwar mit 8er bzw. 16er
Befehlssequenzen. Für den Clusterdurchgang mit 8er Sequenzen wurde zunächst über die
Probanden einer experimentellen Gruppe hinweg alle unterschiedlichen 8er Sequenzen
(Klassen) festgestellt. Aus dieser Menge von ca. 17000 8er Sequenzen wurde mit den 300

häufigsten das Clusteranalyseverfahren durchgeführt. Hierbei wurden in sogenannten Clusterschritten jeweils eine Klasse mit der ihr ähnlichsten Klasse (mit der geringsten Distanz) zusammengruppiert. Jede Zusammenlegung von Klassen führt zwangsläufig zu einer verringerten Güte für einen Clusterschritt, da nur ähnliche, aber keine identischen Klassen zusammengelegt werden können (identische Klassen führen von vornherein zu einem Heraufsetzen des Häufigkeitszählers für diese Klasse). Der Grad der Verringerung der Güte ist abhängig von der Ähnlichkeit (Distanz) der zuzuordnenden Klasse. So führt jede Zusammenlegung von Klassen zu einer mehr oder weniger starken Verringerung der Güte.

Dieses Verfahren wurde analog für die 16er Sequenzen angewendet. Für jede experimentelle Gruppe (Y und T) sind also zwei Clusteranalysen mit verschiedenen Sequenzlängen durchgeführt worden. Das Ziel dieser Clusteranalysen war, einen genaueren Aufschluß über die Bearbeitungsstrategien der Probanden in den beiden experimentellen Gruppen zu erhalten. Alle Klassen der vier Clusteranalysen wurden getrennt von zwei Beurteilern interpretiert (d.h. mit einer semantischen Interpretation versehen) und diese Interpretationen anschließend auf Beurteilerübereinstimmung überprüft. Dabei wurde keine Diskrepanz zwischen den Interpretationen der Beurteiler festgestellt.

Inhaltlich stellen diese Interpretationen der einzelnen Klassen zusätzliche Indizien einerseits für flexibles Handeln in der Y-Gruppe dar, denn selbst in der Clusteranalyse mit 8er Sequenzen treten innerhalb einer 8er Sequenz gehäuft mehrfache Informationsabfragen auf. Dabei lassen sich sowohl die indirekte (über Menü) als auch die direkte, objektorientierte Aktivation (z.B. durch Anklicken eines Rohres) feststellen.

Andererseits gibt die Clusteranalyse für die Y-Gruppe einen klaren Hinweis auf eine flexiblere Bearbeitung der Konstruktionsphase (iterative Bearbeitungsstrategie: Beginn der Dokumentationsphase, ohne die Konstruktionsphase zu beenden), da ebenfalls bereits mehrfach in den 8er Sequenzen ein Wechsel zwischen Konstruieren, Dokumentieren und anschließendem, weiteren Konstruieren stattfindet.

In gleichem Sinne lassen sich auch die Ergebnisse zum Vergleich der beiden Bearbeitungsstrategien sequentiell vs. iterativ in der Konstruktions-/ Dokumentationsphase interpretieren. Die Ergebnisse von Chi-Quadrat-Anpassungstests zeigen lediglich für die Bedingung „Y-EDV hoch" eine gleiche Auftretenswahrscheinlichkeit für beide Bearbeitungsstrategien, unter allen anderen Bedingungen trat die iterative Strategie signifikant seltener auf als die sequentielle Strategie (Abb. 32).

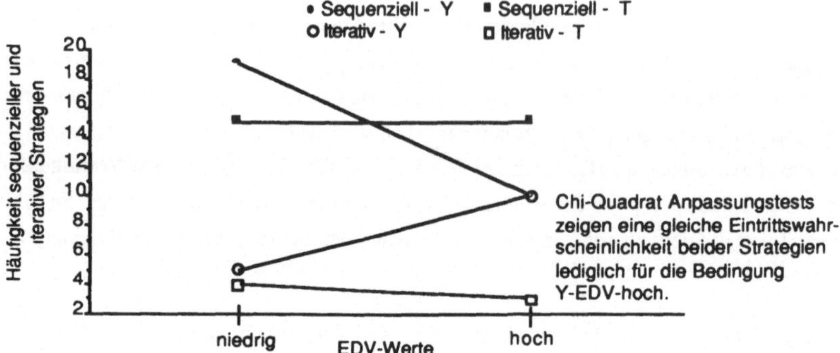

Abb. 32:   Häufigkeit sequentieller und iterativer Strategien in den experimentellen

Gruppen T und Y

Die Ursache hierfür liegt möglicherweise darin, daß unter allen anderen Bedingungen das Auftreten der iterativen Strategie unterdrückt wird und zwar teils durch mangelnde EDV-Kenntnisse der Probanden (in den Bedingungen „Y-EDV niedrig" und „T-EDV niedrig") sowie durch rigide Funktionen in der T-Version (für die Bedingung T-EDV hoch). Man könnte also im verstärkten Auftauchen iterativer Bearbeitungsstrategien einen Indikator für Flexibilität vermuten, allerdings nur unter der Voraussetzung, daß die Probanden hohe EDV-Vorkenntnisse besitzen und daß die Anwendung beider Strategien für den Benutzer mit etwa den gleichen Konsequenzen verbunden sind. Die Tatsache, daß die iterative Bearbeitungsstrategie im Vergleich zur sequentiellen Strategie mit Nachteilen hinsichtlich der Bearbeitungszeit verbunden ist, ist dadurch erklärbar, daß zusätzliche „Werkzeugwechsel" notwendig werden. Diese zeitlichen Konsequenzen einer iterativen Strategie sind in der Y-Version aber im Vergleich zur T-Version verhältnismäßig gering (wodurch die Auftretenswahrscheinlichkeit positiv beeinflußt wird), weshalb die Probanden mit hohen EDV-Vorkenntnissen die ihnen zur Verfügung gestellten „Freiheits-grade" auch nutzen. Diese zusätzlichen Freiheitsgrade bei der Aufgabenbearbeitung in der Y-Version stellen zudem eine wichtige psychologische Komponente für die Arbeits-zufriedenheit und -motivation dar.

Die MANOVAs V und VI wurden zur Untersuchung des Aufgabenbezugs der Programm-funktionalität in der Y-Version durchgeführt. Die Faktoren für diese MANOVAs sind mit denen der bereits beschriebenen MANOVAs I-IV identisch. Als abhängige Variablen werden in MANOVA V die drei Variablen „Anzahl der Kopier-Aktionen", „Anzahl der

Bemaßungen" und „Anzahl der Linienzeichnungen" verwendet. MANOVA VI unterscheidet sich von MANOVA V durch die Verwendung der abhängigen Variablen „Anzahl der Verschiebe-Aktionen" anstatt „Anzahl der Bemaßungen". Dieses Set von abhängigen Variablen wird aufgrund der Vermutung ausgewählt, daß sich die Regulationsbehinderungen der T-Version im Vergleich zur Y-Version in diesen Variablen abbildet. Diese Vermutung wird anhand der Ergebnisse von MANOVA V und VI bestätigt, denn in beiden MANOVAs zeigt sich ein hoch signifikanter Effekt für den Faktor A (Software). Die Ergebnisse von MANOVA V und VI zeigen, daß die Vpn in der T-Version diese Regulationsbehinderungen durch eine erhöhte Anzahl von „Kopier-" und „Bemaßungsaktionen" kompensieren müssen. Dies ist insbesondere darauf zurückzuführen, daß diese Funktionen der T-Version u. U. leicht zu einem fehlerhaften Ergebnis aufgrund von falschen Eingabeparametern oder mangelndem direktem Feedback führen. Die Anzahl der „Linienzeichen-Aktionen" scheint von keinem der Faktoren mitbeeinflußt zu sein. Die Aktion „Verschieben" kommt in der Y-Version häufiger als in T vor, da dieser Funktion in der Y-Version aufgrund der direkt-manipulativen Interaktionsweise zur Feinpositionierung von Objekten eine große Bedeutung zukommt.

Die ANOVA zum Aspekt der direkt-manipulativen Bedienbarkeit der Menüleiste und dem damit erleichterten Wiedererkennungseffekt zeigt in der Y-Gruppe eine deutlich erhöhte Rate von Menüaktivationen ohne Menüitemauswahlen. Dies kann einen deutlichen Hinweis auf Orientierungsverhalten der Vpn in der Y-Gruppe darstellen, es ist allerdings zu bedenken, daß motorische Fehlaktivationen durch falsches Positionieren des Mauszeigers in diesem Zusammenhang ebenfalls als Ursache für die erhöhte Häufigkeit der Menüaktivationen nicht auszuschließen ist.

Im Abschlußfragebogen haben die Vpn beider Gruppen ihre jeweilige Softwareversion auf drei softwarebezogenen Dimensionen (Produktivität, Bedienbarkeit und Kompatibilität zur Aufgabe) und die eigene Motivation auf einer neunstufigen Ratingskala eingestuft. Betrachtet man die Ratings der beiden experimentellen Gruppen als Gesamtheit (ohne innerhalb der Gruppen noch weiter hinsichtlich der EDV-Vorkenntnisse zu unterscheiden), so zeigen sich für die drei softwarebezogenen Dimensionen hoch signifikante Unterschiede bei der Beurteilung der beiden Softwareversionen (Abb. 33). Die Y-Version erhält in allen softwarebezogenen Dimensionen eine bessere Beurteilung als die T-Version. Am günstigsten wird die Bedienbarkeit der Y-Version (5,98) auf der Ratingskala von 1-9 (Negativ-Positiv) eingestuft. Fast ebenso günstig wird in der Y-Version die Kompatibilität zur Aufgabe bewertet (5,77), gefolgt von der Einschätzung der Produktivität dieser Softwareversion (4,93). In der T-Version liegt die gleiche Rangreihenfolge dieser Dimensionen wie in der Y-Gruppe vor, jedoch sind die Bewertungen der T-Gruppe im Schnitt 2 Skalenpunkte schlechter als diejenigen der Y-Gruppe.

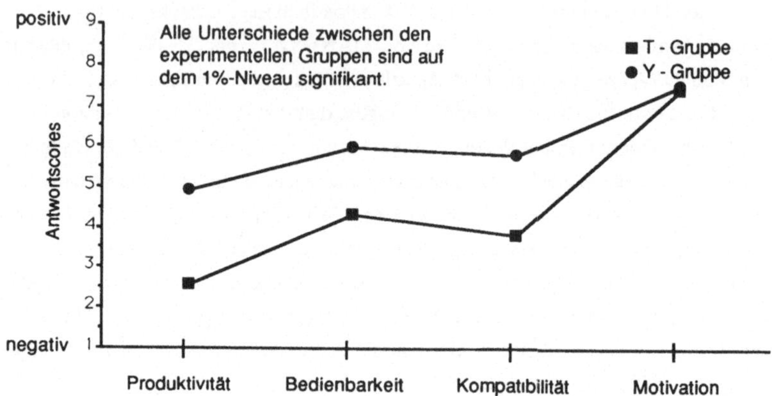

Abb. 33:   Fragebogenergebnisse

Konsens der beiden Beurteilergruppen besteht jedoch hinsichtlich der positiven Einschätzung (7,5; 7,6) ihrer persönlichen Motivation nach dem Experiment. Auffällig ist hierbei, daß die schlechter beurteilte Software sich nicht negativ auf die Motivation der betroffenen Vpn ausgewirkt hat. Wird innerhalb der experimentellen Gruppen hinsichtlich der EDV-Vorkenntnisse unterschieden, so zeigt sich eine hohe Beurteilerübereinstimmung innerhalb der Gruppen in allen vier Fragebogendimensionen. In keinem Fall weichen die Beurteilungen für eine Dimension innerhalb einer experimentellen Gruppe in Abhängigkeit von den EDV-Vorkenntnissen signifikant voneinander ab.

6.4 Zusammenfassung und Gesamtfolgerung

Ausgegangen wurde von der Grundüberlegung, daß die Softwareversion Y aufgrund des konzeptuellen Entwurfs sich in bestimmten Leistungsparametern gegenüber einer konventionellen Softwareversion unterscheiden müßte. Diese Unterschiede sind zu verschiedenen Schulungszeitpunkten und in verschiedenen Aufgabenkontexten betrachtet worden.

In der Einführungsphase sind zwei verschiedene Schulungszeitpunkte im gleichen Arbeitskontext (Übung) untersucht worden. Dabei hat sich herausgestellt, daß die Bearbeitungszeiten der Übungen während beider Schulungszeitpunkte für die Y-Version stets kürzer waren als in der T-Version. Die EDV-Vorkenntnisse wirken sich nur im ersten Übungsdurchgang verkürzend auf die Bearbeitungsdauer der Übungsaufgaben aus, im zweiten Übungsdurchgang spielen die EDV-Vorkenntnisse keine Rolle mehr. Dies deutet bereits bei der Analyse der Vortestübungen auf einen zeitlich stabilen, bearbeitungszeitlichen Vorteil für die Y-Version, wogegen der Einfluß der EDV-Vorkenntnisse sich im Übungskontext der Vortestphase relativ schnell verliert.

In der Haupttestphase zeigen sich auf zwei Bearbeitungsebenen die Unterschiede zwischen den Softwareversionen.

Auf der allgemeineren Gesamtbearbeitungsebene im eigentlichen Aufgabenkontext zeigen sich in den MANOVAs I & II bereits sehr deutliche Unterschiede zwischen den Softwareversionen. Die daran anschließenden ANOVAs zeigen, daß diese Unterschiede sich in erster Linie aus der verkürzten Bearbeitungszeit der Y-Version und der gesteigerten Verwendung reverser Funktionen resultieren. Die Tatsache, daß in MANOVA I der EDV-Faktor wieder an Einfluß gewinnt, liegt nicht wie zuerst vermutet an der Betrachtung der abhängigen Variablen „Anzahl aller Aktionen", denn eine ANOVA mit dieser abhängigen Variablen führte zu überhaupt keinem signifikanten Effekt. Vielmehr ist die Signifikanz des EDV-Faktors lediglich auf die gleichzeitige Betrachtung der Kovarianzen aller drei abhängiger Variablen in MANOVA I zurückzuführen.

In der Analyse der mehr aufgabenorientierten Bearbeitungsphasen gewinnt man ein noch detaillierteres Bild über die Unterschiede zwischen den beiden Softwareversionen. Die bereits in den MANOVAs I & II gefundenen Effekte lassen sich beispielsweise in der Konstruktionsphase in den MANOVAs III & IV noch ausgeprägter wiederfinden. Auffällig ist auch hier, daß die signifikanten Effekte für den Faktor B (EDV) hier ebenfalls nur durch die Betrachtung der Kovarianzen in den MANOVAs, nicht jedoch in den einzelnen ANOVAs signifikant werden. Die ANOVAs der Konstruktionsphase zeigen für die Y-Gruppe auf eine verringerte Bearbeitungszeit und eine geringere Anzahl von Aktionen in der Konstruktionsphase.

In der vor der Konstruktionsphase liegenden Orientierungsphase lassen sich für die Y-Gruppe ebenfalls verringerte Bearbeitungszeiten feststellen, wohingegen in der anschließenden Dokumentationsphase keine Unterschiede zwischen den Softwareversionen hinsichtlich der Bearbeitungszeit deutlich werden.

Die Gründe, die für diese Leistungsunterschiede zwischen den beiden Softwareversionen als verantwortlich angesehen werden können, wurden in drei entwurfsbedingten Software-Eigenschaften der Y-Version zusammengefaßt.

Die durch die höhere Flexibilität der Softwareversion Y möglichen individuellen und situationsgerechten Handlungen sollten der Y-Gruppe zu einem Effizienz- und damit zu einem Zeitvorteil verhelfen. Eine ANOVA mit der „Anzahl der Informationsabrufe" als abhängiger Variablen zeigt, daß die Y-Gruppe diese Funktion auch tatsächlich häufiger als die T-Gruppe angewendet hat. Dieses Ergebnis wird durch die Clusteranalyse noch mehr unterstützt.

Die Aufgabenangemessenheit der Funktionen in der Y-Gruppe stellt den zweiten softwareergonomischen Aspekt dar, der sich gegenüber der T-Version als vorteilhaft erweisen sollte. Anhand von MANOVA V & VI ist nachgewiesen worden, daß sich die nicht aufgabenangemessene Gestaltung bestimmter Funktionen in der T-Version als regulationshindernd auswirkt, weshalb die T-Gruppe diese Behinderung durch die häufigere Verwendung bestimmter Funktionen (s. MANOVA V & VI) zeitintensiv kompensieren muß.

Die Annahme einer erleichterten Bedienung (Wiedererkennungseffekt) eines Programms durch eine mit der Maus direkt-manipulativ bedienbaren Programmoberfläche zeigt sich dadurch unterstützt, daß die Vpn der Y-Gruppe wesentlich häufiger als die T-Gruppe zur Orientierung ein Menü öffnen, ohne jedoch ein dazugehöriges Menüitem auszuwählen.

Der Ansatz des konzeptuellen Entwurfsverfahrens für technische Software wurde in dieser Untersuchung mit dem konventionellen Ansatz funktionalistischer Softwareentwicklung experimentell gegenübergestellt. Den Prinzipien der beiden Ansätze folgend, wurden für den technischen Anwendungsbereich der Rohrplanbearbeitung zwei Softwareversionen entwickelt. Aufgrund der verschiedenen, den Ansätzen zu Grunde liegenden Entwicklungsphilosophien, resultierten zwei unterschiedliche Softwareversionen. Der nach dem konzeptuellen Entwurfsverfahren entwickelten Software wurde gegenüber der funktionalistischen Software die experimentell nachzuweisenden Vorteile vorhergesagt,
- aufgrund hierarchischer Arbeitsgestaltung den Bezug zur Aufgabe zu gewährleisten,
- inter- und intrapersonelle ebenso wie situative Flexibilität zu ermöglichen und
- einen aufgabengerechten und flexiblen Dialog durch die Anwendung geeigneter Interaktionstechniken zu erhalten.

Demgegenüber wurde von der funktionalistischen und zum subjektiven Handlungsspielraum inkompatiblen Softwarelösung erwartet, daß sie zusätzliche mentale Ressourcen für die Handlungsplanung beansprucht, woraus erhöhte Aufgabenbearbeitungszeiten durch eine erhöhte Fehlerrate bei der Handlungsplanung und -durchführung resultieren. Die interindividuellen Unterschiede der Probanden, die den Nachweis der oben angeführten Effekte hätten beeinträchtigen können, wurden durch den Versuchsaufbau erfolgreich gemindert und kontrolliert. Der Nachteil der funktionalistisch entwickelten Software bezüglich der Aufgabenbearbeitungszeiten wurde in einer Vielzahl von Untersuchungsaspekten in starkem Maße deutlich. Damit kann die oben erwähnte Erwartung der erhöhten Bearbeitungszeiten als bestätigt angesehen werden. Ebenso hat sich die Erwartung der flexiblen Bearbeitung der Konstruktionsaufgabe, die aufgabenangemessene Gestaltung der Softwarefunktionen sowie der Vorteil der direktmanipulativen Interaktionstechnik für die nach dem konzeptuellen Entwurfsverfahren entwickelte Software statistisch nachweisen lassen. Damit ist ein Beleg dafür erbracht, daß bei der Befolgung der Prinzipien des arbeitswissenschaftlich begründeten konzeptuellen Entwurfsverfahrens für technisch-betriebsorganisatorische Software die Gestaltung einer zugleich wirtschaftlichen und persönlichkeitsförderlichen Arbeit unterstützt wird.

7 Zusammenfassung

Die Optimierung der Gesamtwirtschaftlichkeit von Arbeitssystemen erfordert einen ganzheitlichen Gestaltungsansatz, der Organisation, Qualifikation und Arbeitsmittel ausgewogen abstimmt. Ein theoriegeleitetes Vorgehen erlaubt dabei einen kontinuierlichen Gestaltungsprozeß, der nicht nur effizient vollziehbar ist, sondern auch eine Arbeitssprache für alle an der Systemgestaltung Beteiligte bieten kann.

Bei der Verfolgung von Produkt- und Prozeßinnovation in Unternehmen sind um arbeitswissenschaftliche Ziele erweiterte Innovationsstrategien erforderlich, die eine Gestaltung neuer Produkte und Prozesse auch aus organisatorischer und qualifikatorischer Sicht verfahrensmäßig und instrumentell fördern. Insbesondere der für die Maschinenbauindustrie zunehmend wichtige Einsatz von Rechnersystemen hat sich im Hinblick auf die komplementäre Verbindung von humanen und wirtschaftlichen Zielen als gestaltbar erwiesen.

Ziel der vorliegenden Arbeit war es daher, ein Verfahren zur arbeitswissenschaftlich begründeten Gestaltung technisch-betriebsorganisatorischer Software vorzustellen, das insbesondere den Anforderungen des Maschinenbaus mit seinen komplexen Wirkungsbeziehungen und seinem zugleich gegenständlichen Wirkungsfeld genügen soll.

Hierzu wird zunächst (s. Kap. 2) die Aufgabengestaltung als wesentlicher Ausgangspunkt einer menschengerechten Softwaregestaltung bestimmt. Die Arbeitsaufgabe determiniert auf einer hohen hierarchischen Gestaltungsebene die Anforderungen und Spielräume des Menschen.

Die Operationalisierung von konkreten Gestaltungsgegenständen kann mit Hilfe der Handlungsregulationstheorie vorgenommen werden (s. Kap. 3). Gemäß dem Prinzip der dynamisch-differentiellen Arbeitsgestaltung und der Hierarchie der Gestaltungsgegenstände können Ebenen, Ziele und Verfahren einer persönlichkeitsförderlichen Aufgaben- und Arbeitsmittel-(Software-)Gestaltung identifiziert werden (s. Kap. 3). Als zentrale Vorgehensweise werden zwei Schritte abgeleitet:

1. Durchführung einer über inter- und intraindividuelle Unterschiede und veränderliche situative Zustände abstrahierenden bedingungsbezogenen Aufgabenanalyse, die u.a. die Voraussetzung für die Schaffung vollständiger Tätigkeiten bietet.

2. Anwendung des Prinzips der differentiellen Arbeitsgestaltung, das die personenseitig wichtige Flexibilität des Arbeitshandelns auf allen Gestaltungsebenen fordert.

Hierauf aufbauend werden um arbeitswissenschaftlich relevante Informationen erweiterte RFA-Netzwerkdarstellungen als geeignete Beschreibungssprache für die überindividuelle Aufgabengestaltung herangezogen (s. Kap. 4). Deren Ergebnisse stellen die Grundlage für die Anwendung des arbeitswissenschaftlich begründeten konzeptuellen Software-Entwurfs (s. Kap. 5) dar. In ihn münden die vorher (s. Kap. 3) ausführlich beschriebenen Gestaltungsziele und -gegenstände in präziser und knapper Form.

Zur Beschreibung und zugleich datentechnischen Erfassung wird eine Entity Relationship-Darstellung gewählt. Sie enthält alle notwendigen Gestaltungsgegenstände in hierarchischer Form und stellt über inhärente Konsistenzbedingungen und externe Regeln den Entwurf eines konsistenten und flexiblen Satzes an Operationen und Werkzeugen sowie Objekten unter Wahrung des Aufgabenbezugs sicher. Die Vorgehensweise beim Entwurf wird durch Entwurfs- und Regeltabellen unterstützt.

Anschließend wird ein im Rahmen dieser Arbeit entwickeltes Software-Entwicklungs-Werkzeug zur Realisierung des Software-Entwurfsergebnisses im Überblick dargestellt.

In Kapitel 6 werden zwei nach dem funktionalen und dem konzeptuellen Entwurfsverfahren entwickelte Softwareversionen experimentell verglichen. Die Ergebnisse der umfangreichen statistischen Auswertungen stellen einen Beleg für die Leistungsfähigkeit des entwickelten arbeitswissenschaftlich begründeten konzeptuellen Entwurfsverfahrens dar.

Literaturverzeichnis

1   ACKERMANN, D.:   Untersuchungen zum individualisierten Computerdialog: Einfluß es operativen Abbildsystems auf Handlungs- und Gestaltungsspielraum und die Arbeitseffizienz. In: Dirlich, G.; Freska, C.; Schwatlo, U.; Wimmer, K. (Hrsg.): Kognitive Aspekte der Mensch Computer-Interaktion, Berlin 1986, S. 95-110.

2   ACKERMANN, D.:   Handlungsspielraum, Mentale Repräsentation und Handlungsregulation am Beispiel der Mensch-Computer Interaktion. Dissertation Universität Bern 1987.

3   ACKERMANN, D.:   Empirie des Software-Entwurfs: Richtlinien und Methoden. In: Balzert, H. e. a.: MCK Mensch Computer Kommunikation, Grundwissen 1: Einführung in die Software-Ergonomie, Berlin 1988, S. 253-276.

4   ACKERMANN, D.;   Zielkonflikte bei Software-Gestaltungskriterien.
     GREUTMANN, T.:   In: Maaß, S.; Oberquelle, H. (Hrsg.): Software-Ergonomie, Stuttgart 1989, S. 144-152.

5   ACKERMANN, D.;   The chances of Individualization in Human-
     ULICH, E.:   Computer Interaction and it`s Consequences. In: Frese, M.; Ulich, E.; Dzida, W. (Eds.): Psychological Issues of Human-Computer Interaction in the Work Place, Amsterdam 1987, p. 131-146.

6   AGERVOLD, M.:   New technology in the office - attitudes and consequences. In: Work & Stress, 1, 1987, S. 143-153.

- 123 -

7	ANSI/X3/SPARC:	Study Group on Data Base Management Systems: Interim Report 75-02-08. FDT (Bulletin of ACM SIGMOD) 7, 1975.
8	AWF (AUSSCHUSS FÜR WIRTSCHAFTLICHE FERTIGUNG E. V.):	Integrierter EDV-Einsatz in der Produktion - CIM: Computer Integrated Manufacturing. Eschborn 1985.
9	BALZERT, H. (HRSG.); HOPPE, U.; OPPERMANN, R.; PERSCHKE, H.; ROHR, G.; STREITZ, N.A.:	MCK Mensch-Computer-Kommunikation. Grundwissen 1. Einführung in die Software-Ergonomie. Berlin, New York 1988.
10	BJÖRN-ANDERSEN, N.; EASON, K.; ROBEY,D.:	Managing computer impact - An international study of management and organization. Ablex, Norwood (New Jersey) 1986.
11	BUCHANAN, D.; BODY, D.:	Advanced technology and the quality of working life - The effects of word processing on video typists. In: journal of Occupational Psychology, 55, 1982. S. 1-11.
12	BULLINGER, H.-J.; FÄHNRICH, K.-P.; ZIEGLER, J.:	Software Ergonomie: Stand und Entwicklungstendenzen. In: Schönpflug, W.; Wittstock, M. (Hrsg.): Software-Ergonomie, Stuttgart 1987, S. 17-30.
13	CHEN, P. P.:	The Entity-Relationship Modell-Towonda Knified View of Data. ACM TODS, Band 1, Nr.1, 1976, S. 9ff.
14	DEFFNER, G.:	Lautes Denken – Untersuchungen zur Qualität eines Datenerhebungsverfahrens. Frankfurt a. M. 1984.

15   DITTRICH, K. R.;   Datenbankunterstützung für den ingenieur-
     KOTZ, A. M.;   wissenschaftlichen Entwurf. Informatik-
     MÜLLE, J. A.;   Spectrum. Band 8. Nr. 3. 1985. Zitiert in
     LOCKEMANN, P. C.:   Zehnder, C. A.: Informationssysteme und Da-
                           tenbanken. 5. Aufl. Stuttgart 1989.

16   DUELL, W.;   Arbeit gestalten - Mitarbeiter beteiligen. Schrif-
     FREI, F.:   tenreihe HdA. Bd. 77. Frankfurt, New York
                           1986.

17   DUNCKEL, H.:   Arbeitspsychologische Kriterien zur Beurteilung
                           und Gestaltung von Arbeitsaufgaben im
                           Zusammenhang mit EDV-Systemen. In: Maaß,
                           S.; Oberquelle, H. (Hrsg.): Software-Ergono-
                           mie, Stuttgart 1989, S. 69-79.

18   ELLIS, P.:   Office planning and design - The impact of or-
                           ganizational change due to advanced infor-
                           mation technology. In: Behavior and Infor-
                           mation Technology, 3, 1984. S. 221-223.

19   EMERY, E.;   Industrielle Demokratie. Schriften zur Ar-
     THORSROD, E: beitspsychologie. Bd. 25. Bern 1982.

20   ESSER, U.;   Arbeitssysteme für die erfolgreiche CIM-Ein-
     KEMMNER, A.:   führung. In: CIM-Management, 1/88, Mün-
                           chen. (Forschungsinstitut für Rationalisierung-
                           FIR-Aachen)

21   EVERSHEIM, W.;   Neue Technologien verlangen neue Ausbil-
     BARG, A.;   dungsperspektiven. Vortrag. In: REFA-Nach-
     OTTENBRUCH, P.:   richten, Darmstadt 3 /1989, S. 12-19.

22   FLOYD, C.:   STEPS - Eine Orientierung der Softwaretechnik
                           auf sozialverträgliche Technikgestaltung. In:
                           Riedermann E. e. a. (Hrsg.): 10 Jahre
                           Informatik und Gesellschaft - Eine Her-
                           ausforderung bleibt bestehen. Forschungs-
                           bericht Nr. 227. Universität Dortmund 1986.

23   FRESE, E.;   Computer in Büro und Verwaltung - Psycholo-
      BRODBECK, F.:   gisches Wissen für die Praxis. Berlin 1989.

24   FRESE, M.;   Die Einführung von Neuen Technologien am
      ZAPF, D.:   Arbeitsplatz verändert Qualifikationsan-
                  forderungen, Handlungsspielraum und
                  Stressoren kaum - Ergebnisse einer Längs-
                  schnittuntersuchung. In: Zeitschrift für Arbeits-
                  wissenschaft, 41, Köln 1987. S. 134-142.

25   FRIELING, E.;   Lehrbuch der Arbeitspsychologie. Bern 1986.
      SONNTAG, K.:

26   FRIELING, E.;   Fragebogen zur Arbeitsanalyse (FAA). Deut-
      HOYOS, C. G.:   sche Bearbeitung des "Position Analysis Que-
                  stionnaire". Bern 1978.

27   GAKSCH, F.-J.:   Die Computersimulation. Instrumentarium zur
                  Gestaltung komplexer Arbeitssysteme. Hrsg.
                  R. Hackstein, Lehrstuhl und Institut für
                  Arbeitswissenschaft-IAW-Aachen. FIR-Reihe
                  „Forschung für die Praxis". Bd. 23. Berlin,
                  Heidelberg, New York, Tokyo 1989. Diss.
                  RWTH Aachen. (Lehrstuhl und Institut für
                  Arbeitswissenschaft-IAW-Aachen)

28   GEDIGA, G.;   Aufgaben- und Tätigkeitsanalysen als Grund-
      GREIF, S.;   lage der Softwaregestaltung. In: Maaß, S.;
      MONECKE, U.;   Oberquelle, H. (Hrsg.): Software-Ergonomie,
      HAMBORG, K.-C.: Stuttgart 1989, S. 80-88.

29   GOTTSCHALL, K.; Computerunterstützte Verwaltung. Campus,
      MICKLER, O.;   Frankfurt/M 1985.
      NEUBERT, J.:

30   GRAP, R.:   Softwareergonomie bei der Arbeit mit Groß-rechnern. In: Hackstein, R. (Hrsg.): Pro Ort. RWTH Aachen 1989a, S. 31-32. (Lehrstuhl und Institut für Arbeitswissenschaft-IAW-Aachen)

31   GRAP, R.:   Vorgehensweise beim Aufbau eines EDV-Systems zur technischen Auftragsabwicklung. Unveröffentlichtes Manuskript, RWTH Aachen, 1989b. (Lehrstuhl und Institut für Arbeitswissenschaft-IAW-Aachen)

32   GRAP, R.:   Grafische Modelle vom Innenleben des Computers. Demonstrationsversion des IAW zur Simulation prozeßorientierter Abläufe bei der Programmausführung. FIR/IAW-Mitteilungen. Aachen 1/1990. (Lehrstuhl und Institut für Arbeitswissenschaft-IAW-Aachen)

33   GROB, R.:   Flexibilität in der Fertigung. Berlin 1985.

34   GRUNDGESETZ DER BUNDESREPUBLIK DEUTSCHLAND: 25. neubearb. Aufl. München 1989.

35   HACKER, W.:   Allgemeine Arbeits- und Ingenieurpsychologie. Bern 1978.

36   HACKER, W.:   Allgemeine Arbeits- und Ingenieurpsychologie. Psychische Struktur und Regulation von Arbeitstätigkeiten. 3. Aufl. Berlin (Ost) 1980.

37   HACKER, W.:   Psychologische Bewertung von Arbeitsgestaltungsmaßnahmen. Ziele und Bewertungsmaßstäbe. 2. Aufl. Berlin 1984.

38   HACKER, W.:   Arbeitspsychologie. Psychische Regulation von Arbeitstätigkeiten. Berlin (Ost) 1986.

- 127 -

39	HACKER, W.:	Software-Ergonomie; Gestalten rechnergestützter geistiger Arbeit. In: Schönpflug, W.; Wittstock, M. (Hrsg.): Software-Ergonomie, Stuttgart 1987, S. 31-54.
40	HACKER, W.; RICHTER, P.:	Psychologische Bewertung von Arbeitsgestaltungsmaßnahmen. 2. Aufl. Berlin, Heidelberg, New York, Tokio 1984.
41	HACKER, W.; MÜLLER-RUDOLPH, E.; SCHWARZER-SCHÖNFELDER, E.:	Hilfsmittel für die kooperative Aufgabenanalyse – eine Voraussetzung aufgabenorientierter Systemgestaltung. In: Maaß, S.; Oberquelle, H. (Hrsg.): Software-Ergonomie, Stuttgart 1989, S. 89-99.
42	HACKMAN, J. R.:	Tasks and task performance in research on stress. In: Mc. Grath, J. E. (Ed.): Social and psychological factors in stress, New York 1970, p. 202-237.
43	HACKSTEIN, R.:	Arbeitswissenschaft im Umriss. Bd. 2. Grundlagen und Anwendung. Essen 1977. (Forschungsinstitut für Rationalisierung/ Lehrstuhl und Institut für Arbeitswissenschaft-FIR/IAW-Aachen)
44	HACKSTEIN, R.:	Einführung in die technische Ablauforganisation. 2. Aufl. München, Wien 1988. (Forschungsinstitut für Rationalisierung/ Lehrstuhl und Institut für Arbeitswissenschaft-FIR/IAW-Aachen)
45	HACKSTEIN, R.: GRAP, R.;	Die Erfassung und Analyse von Arbeitsanforderungen. In: Berthel, J.; Groenewald, H. (Hrsg.): Personal-Management. 1990. Im Druck. (Lehrstuhl und Institut für Arbeitswissenschaft-IAW-Aachen)

46   HACKSTEIN,R.   Kleingruppenaktivitäten in der betrieblichen
        HEEG, F.J.:   Praxis. In: ZwF, 81, 1986, S.30-35.

47   HACKSTEIN, R.;   CIM-College. Aachen 1988. (Lehrstuhl und In-
        HEEG, F.-J.;   stitut für Arbeitswissenschaft-IAW-Aachen)
        HORNUNG, V.:

48   HAIDER, E.;   Anforderungsermittlung für Tätigkeiten der
        ROHMERT, W.:   Daten- und Textverarbeitung mit dem AET-DV.
         In: Landau, K. u. Rohmert, W. (Hrsg.):
         Fallbeispiele zur Arbeitsanalyse, Bern 1981.

49   HEEG, F.-J.:   Qualitätszirkel und andere Gruppenaktivitäten.
         FIR-Reihe „Forschung für die Praxis". Bd. 1.
         Berlin, Heidelberg, New York, Tokyo 1985.
         (Lehrstuhl und Institut für Arbeitswissenschaft-
         IAW-Aachen)

50   HEEG, F.-J.:   Empirische Software-Ergonomie - Zur Gestal-
         tung benutzergerechter Mensch-Computer-
         Dialoge. Berlin 1988. (Lehrstuhl und Institut
         für Arbeitswissenschaft-IAW-Aachen)

51   HEEG, F.-J.:   Moderne Arbeitsorganisation: Grundlagen der
         organisatorischen Gestaltung von Arbeits-
         systemen beim Einsatz neuer Technologien.
         München, Wien 1988. (Lehrstuhl und Institut
         für Arbeitswissenschaft-IAW-Aachen)

52   HEEG, F.-J.;   Reduzierung von Belastungen und Informa-
        HORNUNG, V.:   tionsdefiziten bei Mitarbeitern in Dienstlei-
         stungsunternehmen durch dezentrale Infor-
         mationssysteme. Projektantrag AuT. Aachen,
         Köln 1990.

53   HEEG, F.-J.;   Personalmanagement und neue Technologien.
        HURTZ, A.:   In: Personalführung 9/89. (Lehrstuhl und
         Institut für Arbeitswissenschaft-IAW-Aachen)

54   HEEG, F.-J.;
     NEUSER, R.:

Nutzergerechte Ausgestaltung von Software durch Prototyping - Grundlagen, Vorgehensweise, Wirtschaftlichkeitsaspekte. Fortschrittsberichte VDI-Reihe 10. Bd. 98. Düsseldorf 1988. (Lehrstuhl und Institut für Arbeitswissenschaft-IAW-Aachen)

55   HETTINGER, T.;
     VESPER-KLUMPP, U.;
     VAN WASA, V.:

Psychische Belastung und Beanspruchung bei Arbeitstätigkeiten am Bildschirm - eine Literaturrecherche. In: Zeitschrift für Arbeitswissenschaft, 43 (15 NF), Köln 1989/2, S. 106-111.

56   HOOS, I. R.:

When the computer takes over the office. In: Harvard Business Review, 38, 1960. S. 102-112.

57   HOOS, I. R.:

When the computer takes over the office - Update. In: Office: Technology and People, 2, 1983. S. 69-77.

58   HOPPE, H.-U.:

Werkzeuge für die Prototypentwicklung von Benutzerschnittstellen. In: Balzert, H. (Hrsg.): MCK Mensch Computer Kommunikation, Grundwissen 1: Einführung in die Software-Ergonomie, Berlin, New York 1988.

59   HORNUNG, V.:

Wie entwickelt man ein Curriculum? In: TIBB, Bonn (1987)1, S. 40-42. (Lehrstuhl und Institut für Arbeitswissenschaft-IAW-Aachen)

60   HORNUNG, V.:

Software-ergonomische Gestaltung der Angebots- und Auftragsabwicklung in einem Unternehmen der Stahlindustrie. In: Jahresdokumentation 1988 der Gesellschaft für Arbeitswissenschaft e. V. (Hrsg.) Bericht zum 34. Arbeitswissenschaftlichen Kongreß am 17./18. 3. 1988 an der RWTH Aachen, Bd. 20, Köln 1988, S. 67. (Lehrstuhl und Institut für Arbeitswissenschaft-IAW-Aachen)

61   HORNUNG, V.:

Pflichtenhefte-Lastenhefte. In: Software für die Fertigung. Produkt mit Problemen. Hrsg.: AWF, Eschborn 1988. (Lehrstuhl und Institut für Arbeitswissenschaft-IAW-Aachen)

62   HORNUNG, V.;
      CONRADS, G.:

Applicability of object-orientated work techniques when CADCAM systems are used. In: Proceedings of the Institution of Mechanical Engineers. Fourth European Conference. Effective CADCAM, Sufolk 1989, S. 69-78. (Lehrstuhl und Institut für Arbeitswissenschaft-IAW-Aachen)

63   HORNUNG, V.;
      HEEG, F.-J.:

Die Ermittlung von Qualifikationsanforderungen an kaufmännische Sachbearbeiter unter besonderer Berücksichtigung anwendungsbezogener EDV-Kenntnisse. In: Zeitschrift für Berufs- und Wirtschaftspädagogik, Wiesbaden 83(1987a)6, S. 512-520. (Lehrstuhl und Institut für Arbeitswissenschaft-IAW-Aachen)

64   HORNUNG, V.;
      HEEG, F.-J.:

Auswirkungen der Informationstechnologien auf die Qualifikation von kaufmännischen Sachbearbeitern. In: ZeF Zeitschrift für Erziehungswissenschaftliche Forschung, Mainz Sonderdruck 21(1987b)2, S.96-110. (Lehrstuhl und Institut für Arbeitswissenschaft-IAW-Aachen)

65   HORNUNG, V.;
       SCHUMANN, R.;
       WAGNER, D.:

Modellhafte menschengerechte Gestaltung eines integrierten Informationssystems für ein Unternehmen der Automobilzulieferindustrie - HdA Abschlußbericht. RWTH Aachen, Eitorf, Simmern 1990. (Lehrstuhl und Institut für Arbeitswissenschaft-IAW-Aachen)

66   IACANO, S.;
       KLING, R.:

Changing office technologies and transformations of clerical jobs - A historical perspective. In: Kraut, R. E. (Hrsg.): Technology and the transformation of white-collar work, Erlbaum, Hillsdale 1987, S. 53-75.

67   JOHNSON, P.;
       DIAPER, D.;
       LONG, J.B.:

Task analysis in interactive system design and evaluation. In: Johannsen, G. ; Mancini, G. ; Martensson, L. (Hrsg.): Analysis, design and evaluation of human-machine systems, Oxford 1985.

68   KEANE, M.;
       JOHNSON, J.:

Preliminary analysis for design. Diaper D. (Edt.). People and Computers III. Cambridge University Press 1987, S. 133-146.

69   KEIL-SLAWIK, R.:

Systemgestaltung mit Aufgabennetzen. In: Maaß, S.; Oberquelle, H. (Hrsg.): Software-Ergonomie, Stuttgart 1989, S. 123-133.

70   KIERAS, D. ;
       POLSON, P.:

An approach to the formal analysis of user complexity. In: International Journal Man-Machine Studies. o. J., S. 365-394.

71   KLING, R.:

Social analyses of computing - Theoretical perspectives in recent empirical research. In: Computing Surveys, 12, 1980. S. 61-110.

72   KÖHL, E.:   Arbeitsorganisatorische Gestaltungsspielräume bei CIM. In: Jahresdokumentation 1988 der Gesellschaft für Arbeitwissenschaft e. V. (Hrsg.) Bericht zum 34. Arbeitswissenschaftlichen Kongreß am 17./18. 3. 1988 an der RWTH Aachen, Bd. 20, Köln 1988, S. 68. (Forschungsinstitut für Rationalisierung-FIR-Aachen)

73   KÖHL, E.;   Erst der Mensch macht's möglich. Ergebnisse einer Expertenbefragung zum Thema CIM. In: CAE-Journal, Heidelberg 1988, S. 51-55. (Forschungsinstitut für Rationalisierung-FIR-Aachen)
      ESSER, U.:

74   KRALLMANN, K. E. A.:   Konzeption der Kommunikationsstrukturanalyse. Tech. Report. Technische Universität Berlin 1986.

75   LEITNER, K.;   Analyse psychischer Belastung in der Arbeit. Das RHIA-Verfahren. Manual und Antwortblätter. Köln 1987.
      VOLPERT, W.;
      GREINER, B.;
      WEBER, W. B.;
      HENNES, K.:

76   LICHTENBERG, I.;   Organisations- und Qualifikationsentwicklung bei der Einführung Neuer Technologien. Köln 1990. (Lehrstuhl und Institut für Arbeitswissenschaft-IAW-Aachen)
      Unter Mitarbeit von
      ALTEPOST, A. und
      BRACKE, K. (IAW):

77   LIPMANN, O.:   Lehrbuch der Arbeitwissenschaft. Jena 1932. Zitiert in: Ulich, E. Arbeitspsychologische Konzepte der Aufgabengestaltung. In: Maaß, S.; Oberquelle, H. (Hrsg.): Software-Ergonomie, Stuttgart 1989, S. 53.

78   LUCZAK, H.;   Arbeitswissenschaft. Köln 1989.
     VOLPERT, W.;
     RAEITHEL, A.;
     SCHWIER, W.;
     Unter Mitarbeit von
     MÜLLER; T. und
     RÖTTING, M.;

79   MILLER, R. B.:   Development of a Taxonomy of Human Performance Design of a System Task Vocabulary. Technical Report 11. American Instituts of Research. Washington 1970.

80   MOWSHOWITZ, A.:   The conquest of will, information processing in human affairs. Addison-Wesley, Reading 1976.

81   MOLDASCHL, M.;   Prospektive Arbeitsplatzbewertung an flexiblen
     WEBER, W.:   Fertigungssystemen. Berlin 1986.

82   MORAN, T.P.:   The command language Grammar: A representation for the user interface of interactive computer systems. In: International Journal of Man-Machine Studies, 15, 1981, S. 365-375.

83   NACHREINER, F. E. A.:   Methoden zur Planung und Bewertung arbeitspsychologischer Interventionsmaßnahmen. In: Enzyklopädie der Psychologie, Themenbereich D, Bd. 1, Göttingen 1987, S. 360-427.

84   NEUBERGER, O.:   Arbeit - Begriff, Gestaltung, Motivation, Zufriedenheit. Stuttgart 1985.

85   NEWELL, A.;   Human problem solving. Prentice-Hall,
     SIMON, H.:   Englewood Cliffs - New Jersey - 1972.

86   OBERQUELLE, H.:   Sprachkonzepte für benutzergerechte Modelle. Berlin, Heidelberg, New York 1987.

87   O. V.:   Die Anzahl Computersysteme in der Bun-
                                    desrepublik Deutschland. In: VDI-Nachrichten
                                    Nr. 21/26, 5, Berlin 1989, S.26.

88   PAYNE, S.;   The user´s perception of the interaction lan-
        GREEN, T.:   guage. A two-level model. In: Proceedings
                                    ACM Conference Computer-Human Interac-
                                    tion. CHI 83. Boston 1983, S. 202-206.

89   PORNFRETT, S. M.;   Work organization implications of word pro-
        OHLPHERT, C. W.;   cessing. In: Shackel, B. (Hrsg.): Human-com-
        EASON, K.D.:   puter interaction, Amsterdam 1985, S. 847-
                                    854.

90   RAETHER, C.;   Fortgeschrittene Mensch-Maschine-Kommu-
        ZIEGLER, J.:   nikation. Neue Programmierumgebungen an
                                    CNC-Maschinen. In: FhG-Berichte, München
                                    1-1986.

91   RAUM, H.:   Aufgabenbezogene Dialoggestaltung bei Bild-
                                    schirmarbeit. In: Raum, H.; Hacker, W.
                                    (Hrsg.): Optimierung geistiger Arbeitstätigkei-
                                    ten. Referate des V. Dresdener Symposium zur
                                    Arbeits- und Ingenieurpsychologie, Bd.1,
                                    Dresden 1986, S. 52-57.

92   REFA   Verband für Arbeitsstudien und Betriebsor-
                                    ganisation e. V. (Hrsg.): Methodenlehre des
                                    Arbeitsstudiums. Teil 1: Grundlagen. Darmstadt
                                    1985.

93   REICHWALD, R.:   Bürotechnik, Bürokratisierung und das Zen-
                                    tralisierungsproblem - Grundüberlegungen zur
                                    Gestaltung der Büroarbeit. In: Cacir, A.
                                    (Hrsg.): Bildschirmarbeit, Berlin 1983, S. 22-
                                    46.

94   RESCH, M.:   Die Handlungsregulation geistiger Arbeit. Bern
                                    1988.

95   RÖDIGER, K. H.:   Beiträge der Softwareergonomie in den frühen Phasen der Softwareentwicklung. In: Bullinger, H. J. (Hrsg.): Software-Ergonomie ´85, Stuttgart 1985, S. 445-464.

96   ROHMERT, W.:   Möglichkeiten und Grenzen menschengerechter Arbeitsgestaltung durch Ergonomie. In: Fürstenberg, F.; Hanau, P.; Kreikebaum, H.; Rohmert, W. (Hrsg.): Menschengerechte Gestaltung der Arbeit, Mannheim 1983.

97   ROHMERT, W.; LANDAU, K.:   Das arbeitswissenschaftliche Erhebungsverfahren zur Tätigkeitsanalyse (AET). Handbuch. Bern 1978

98   RUDOLPH, E.; SCHÖNFELDER, E.; HACKER, W.:   Tätigkeitsbewertungssystem – Geistige Arbeit. Berlin (Ost) 1987.

99   SAUTER, S. E. A.:   Job and health implications of VDT use - Initial results of Wisconsin-NIOSH study. In: Communications of the ACM, 26, 1983. S. 284-294.

100   SCHARDT, L. B.; KNEPEL, W.:   Psychische Beanspruchungen kaufmännischer Angestellter bei computergestützter Sachbearbeitung. In: Frese, M. (Hrsg.): Stress im Büro, Bern 1981, S. 125-158.

101   SCHERFF, B.:   Programmieren mit Sprache (Einsatz von Sprachein-/ausgabe zur Roboterprogrammierung. In: Roboter (Automation*Verkettung*Peripherie) 3, Mai 1989, S. 20-24. (Lehrstuhl und Institut für Arbeitswissenschaft-IAW-Aachen)

102   SCHERFF, B.:   Arbeitsorganisation und Technikgestaltung beim menschengerechten Einsatz von CNC-Robotersystemen. In: Workshop Qualifizierung, 31.8.89, Aachen. Im Projekt: Menschengerechter Einsatz von CNC-Robotersystemen für das Schweißen in der auftragsgebundenen Einzelfertigung. (Lehrstuhl und Institut für Arbeitswissenschaft-IAW-Aachen)

103   SCHERFF, B.:   Language as an ergonomic instrument of man machine communication with a view to programming CNC-welding-robots. In: ISATA 12th 1989, Volume 1. (Lehrstuhl und Institut für Arbeitswissenschaft-IAW-Aachen)

104   SKARPELIS, C.:   Hard- und Software-Ergonomie forcieren. In: Bundesarbeitsblatt 11, 1988, S. 18.

105   SPINAS, N.:   Bildschirmeinsatz und psycho-soziale Folgen für den Bildschirmeinsatz. In: Berufsverband Deutscher Psychologen (Hrsg.): Arbeit in moderner Technik, Duisburg 1984, S. 503-516.

106   STREITZ, N. A.:   Fragestellungen und Forschungsstrategien der Software Ergonomie. In: Balzert, H. e. a.: MCK Mensch Computer Kommunikation, Grundwissen 1: Einführung in die Software Ergonomie, Berlin 1988, S. 3-24.

107   SYDOW, J. E. A.:   Situative Analyse der Bildschirmarbeit - Ein empirischer Test der Thesen der Gesellschaft für Organisation. In: Zeitschrift für Organisation, 50, 1981. S. 215-223.

108   TAYLOR, F. W.:   Die Grundsätze wissenschaftlicher Betriebsführung. München 1919.

109   UDRIS, I.:   Fragebogen zur subjektiven Tätigkeitsanalyse. Zürich 1980.

110   ULICH, E.:   Entwicklungsmöglichkeiten des Menschen in der Arbeit. In: Industrielle Organisation, 47, 1978, S. 566-568.

111   ULICH, E.:   Arbeitspsychologische Konzepte und neue Technologien. In: Organisationsentwicklung, 3, 1984. S. 53-65.

112   ULICH, E.:   Psychologie der Arbeit. In: Management Enzyklopädie, Bd. 7, Moderne Industrie, Landsberg 1984, S. 914-929.

113   ULICH, E.:   Arbeits- und organisationspsychologische Aspekte. In: Balzert, H. e. a.: MCK Mensch Computer Kommunikation, Grundwissen 1: Einführung in die Software-Ergonomie, Berlin 1988, S. 49-66.

114   ULICH, E.:   Arbeitspsychologische Konzepte der Aufgabengestaltung. In: Maaß, S.; Oberquelle, H. (Hrsg.): Software-Ergonomie, Stuttgart 1989, S. 51-65.

115   ULICH, E.;
       TROY, N.;
       ALIOTH, A.:   Technologie und Organisation. In. Enzyklopädie der Psychologie, Bd. 3, Göttingen 1989.

116   VEREIN DEUTSCHER
       INGENIEURE VDI
       (HRSG.):   Bürokommunikation. Methoden zur Analyse und Gestaltung von Arbeitssystemen im Büro. Richtlinie Nr. 5003. Beuth Verlag, Berlin 1989.

117   VOLPERT, W.:   Der Zusammenhang von Arbeit und Persönlichkeit aus handlungspsychologischer Sicht. In: Groskurth P. (Hrsg.): Arbeit und Persönlichkeit. Berufliche Sozialisation in der arbeitsteiligen Gesellschaft, Reinbek 1979, S. 21-46.

118   VOLPERT, W.:   Das Modell der hierarchisch-sequentiellen Handlungsorganisation. In: Hacker, W.; Volpert, W. und Cranach, M. v. (Hrsg.): Kognitive und motivationale Aspekte der Handlung, Bern 1983.

119   VOLPERT, W.:   Psychische Regulation von Arbeitstätigkeiten. In: Enzyklopädie der Psychologie, Themenbereich D, Bd. 1, Göttingen 1987, S. 1-42.

120   VOLPERT, W.;   Verfahren zur Ermittlung von Regulationserfordernissen in der Arbeitstätigkeit. Analyse von Planungs- und Denkprozessen in der industriellen Produktion. Köln 1983.
       OESTERREICH, R. U. A.:

121   WAGNER, W.:   Rohrleitungstechnik. Würzburg 1986.

122   WÄCHTER, H.;   Analyse von Tätigkeitsstrukturen und prospektive Arbeitsgestaltung bei Automatisierung (ATAA). Köln 1989.
       MODROW-THIEL, B.;
       SCHMITZ, G.:

123   WELTZ, F.;   Innovation im Büro - Das Beispiel Textverarbeitung. Frankfurt/M 1983.
       LULLIES, V.:

124   ZEHNDER, C. A.:   Informationssysteme und Datenbanken. 5. Aufl. Stuttgart 1989, S. 41.

125   ZIEGLER, J.:   Aufgabenanalyse und Funktionsentwurf. In: Balzert, H. e. a.: MCK Mensch Computer Kommunikation, Grundwissen 1: Einführung in die Software-Ergonomie, Berlin 1988, S. 232-252.

126   ZÜLCH, G.;   Differentielle Arbeitsgestaltung in Fertigungen für elektronische Flachbaugruppen. In: Zeitschrift für Arbeitswissenschaft, Köln 1984, 38, S. 211-216.
       STARINGER, G.:

ANHANG

Sequenz - Clusterung

Das Programmpaket Clusterung umfaßt mehrere Einzelprogramme, die es dem Benutzer ermöglichen, eine Clusteranalyse über die Sequenzen der menü-gesteuerten (Y) und der Standard-Version (T) durchzuführen.

Das Paket besteht aus folgenden Programmen :

- STREICHE.EXE
- VERBINDE.EXE
- SEQUENZ3.EXE´
- TO_TEXT.EXE
- ABS_BERR.EXE
- CLUSTER.EXE
- GRAPHIK1.EXE

1. Voraussetzungen :

Das Paket benötigt als Eingabe die Protokoll-Dateien der einzelnen Probanden. Diese heißen ´SYxxx.RMN´ für die menügesteuerte Version und ´STxxx.RST´für die Standard-Version.

2. Start der Cluster-Analyse

Zuerst werden die Protokoll-Dateien mit dem Programm ´STREICHE.EXE´ auf Fehler im Protokoll untersucht. Falls vorhanden, werden diese korrigiert. Gleichzeitig streicht das Programm für die Clusteranalyse nicht relevante Protokolleinträge. Die Ergebnisse werden anschließend abgespeichert in Dateien mit Namen ´SYxxxK.RMN´ bzw. ´STxxxK.RST.

       1. Schritt :   SYxxx.RMN   ->   SYxxxK.RMN
                      STxxx.RST   ->   STxxxK.RST

Anschließend werden mit dem Programm ´VERBINDE.EXE´ diese Dateien in einer großen Datei ´GESAMT_K.RMN´ bzw. ´GESAMT_K.RST´ zusammengefaßt. Aus Platzgründen werden die einzelnen Befehle im ASCII-Format abspeichert. Die Kodierung wird in einer Datei ´BEFEHLE.COD´ protokolliert.

2. Schritt : SYxxxK.RMN   ->   GESAMT_K.RMN
STxxxK.RST   ->   GESAMT_K.RST
´BEFEHLE.COD´ erzeugt

Mit dem Programm ´SEQUENZ3.EXE´ hat der Benutzer nun die Möglichkeit, eine Cluster-Analyse vorzubereiten. Er wird vom Programm gefragt, welche Version - RMN oder RST - er bearbeiten möchte und welche Sequenzlänge ´n´ für ihn relevant ist. Das Programm schiebt nun ein Fenster der Länge n über die angewählte Gesamtdatei und merkt sich die Befehlssequenzen der gewählten Länge in einer verketteten Liste. Ist die Befehlssequenz bereits vorhanden gewesen, wird ein Zähler, der die Häufigkeit dieser Sequenz beinhaltet, inkrementiert. Nach Durchführung werden alle auftretenden Sequenzen mit zugehöriger Häufigkeit in einer Datei ´RMNDATEN.n´ bzw. ´RSTDATEN.n´ abgespeichert.

3. Schritt : GESAMT_K.RMN   ->   RMNDATEN.n
GESAMT_K.RST   ->   RSTDATEN.n

Jetzt hat der Benutzer die Möglichkeit, mit dem Programm ´TO_TEXT.EXE´, sich diese Dateien anzuschauen. Das Programm decodiert den ASCII-Code wieder in lesbare Sequenzbefehle.

Anschließend werden die Sequenzen für die Clusterung vorbereitet, das heißt ihr Abstand zueinander muß berechnet werden. Dies geschieht mit dem Programm ´ABS_BERR.EXE´, welches das zeit-intensivste Programm der Clusteranalyse ist. Je nach Sequenzlänge kann die Berechnung der Sequenzabstände bis zu drei Tage dauern. [Die Sequenzlänge n beeinflußt den Berechnungsaufwand faktoriell (n!)]

Verfahren der Abstandsberechnung

Das Programm arbeitet mit den ca. 300 am häufigsten auftretenden Sequenzen und berechnet den Abstand von jeder zu jeder Sequenz nach folgendem Verfahren :

- stehen gleiche Befehle an gleicher Position erhöht sich der Abstand nicht und diese Befehle können vernachlässigt werden.

- für jeden Befehl, der überhaupt nicht in der anderen Sequenz auftaucht, erhöht sich der Abstand jeweils um die Sequenzlänge n.

- taucht ein Befehl ein- oder mehrfach in der einen und der anderen Sequenz auf, wird wie folgt Verfahren :

Es werden zunächst die Häufigkeiten H1 und H2 des Befehls in beiden Sequenzen bestimmt. Anschließend arbeitet man mit der Sequenz mit der kleineren Häufigkeit weiter. Eine Permu-tations-Routine permutiert die Positionen des betreffenden Befehls miteinander und ordnet jeder Position in Sequenz 1 eine Position in Sequenz 2 zu, so lange bis die Summe der Positionsabstände minimal ist. Diese Minimalsumme wird dann auf den Abstand addiert. Zusätzlich wird zu dem Abstand für jede nicht zugeordneten Befehlsposition jeweils die Sequenzlänge n addiert.

Es ergibt sich folgende Formel:

Distanz zwischen zwei Sequenzen der Länge n : (d(S,T))

Sequenz 1 : $S = (s_1, s_2, ..., s_n)$, Sequenz 2 : $T = (t_1, t_2, ..., t_n)$

Bezeichnungen:
$L := \{ 1, 2, ..., n \}$.
$L^* := \{ l \in L : \text{es existiert } k \in L \text{ mit } s_k \neq s_l \}$,
      die Indices verschiedener Aktionen der Sequenz S.
$G_i^S := \{ l \in L : s_l = s_i \}, i \in L^*$,
      die Indices, wo in der Sequenz S die Aktion S_i vorkommt.
$G_i^T := \{ l \in L : t_l = s_i \}, i \in L^*$,
      die Indices, wo in der Sequenz T die Aktion S_i vorkommt.

$r_i := \min \{ |G_i^S|, |G_i^T| \}, i \in L^*$.
$q_i := \max \{ |G_i^S|, |G_i^T| \}, i \in L^*$.

$G_i^{max} :=$ diejenigen Indexmenge G_i^S bzw. G_i^T die q_i liefert.
$G_i^{min} := \{ l_1, ..., l_{r_i} \}$, diejenigen Indexmenge G_i^S bzw. G_i^T die r_i liefert.
$Perm(r_i) :=$ Menge aller Permutationen von je r_i Indices aus G_i^{max} .
      (Beachte $| Perm(r_i) | = q_i * q_{i-1} * ... * (q_i - r_i + 1)$.)

Berechnungsformel:

$$dist(S,T) := \sum_{i \in L^*} \left[n * (q_i - r_i) + \min_{(k_{j_1}, ..., k_{j_{r_i}}) \in Perm(r_i)} \sum_{p=1}^{r_i} |l_p - k_{j_p}| \right]$$

$(l_p \in G_i^{min})$.

Diese Abstandsergebnisse werden dann in einer Datei ´RMNABS.n´ bzw. ´RSTABS.n´ mit wahlfreiem Zugriff abgespeichert, damit man später - möglichst schnell - auf diese Abstände zugreifen kann.

$$4. \text{ Schritt}: \quad \text{RMNDATEN.n} \quad \text{->} \quad \text{RMNABS.n}$$
$$\text{RSTDATEN.n} \quad \text{->} \quad \text{RSTABS.n}$$

Jetzt kann die eigentliche Clusterung beginnen. Das Programm ´CLUSTER.EXE´ bildet zuerst eine Anzahl von Klassen und teilt jeder Klasse genau eine Sequenz zu. Jede Klasse erhält dann eine typische Sequenz, welche natürlich am Anfang die vorher zugeteilte Sequenz ist. Außerdem wird jeder Klasse eine Homogenität zugeordnet, welche am Anfang 0 ist.
Das Programm überprüft jetzt welche Klassen K1 und K2 die geringste Distanz ($v(K1,K2)$) haben.

Als <u>Distanz zweier Klassen</u> wird der Abstand der typischen Sequenzen der Klassen bezeichnet, also:
$$v(K1,K2) := d(S_{typ}(K1), S_{typ}(K2)). \quad (\text{zu } S_{typ}(K) \text{ siehe unten})$$

Diese beiden Klassen K1 und K2 werden dann in der Klasse K1 zusammengefaßt und die Klasse K2 gelöscht. Anschließend wird dann die neue typische Sequenz der Klasse K1 berechnet.

Die <u>typische Sequenz $S_{typ}(K)$</u> einer Klasse K ist diejenige Sequenz S mit:
$$\sum_{T \in K} d(S,T) = \min \left\{ \sum_{T \in K} d(S,T) \; ; \; \text{für } S \in K \right\}$$

Anschließend wird die Summe über die Abstände von jeder zu jeder Sequenz gebildet. Diese Summe geteilt durch die Anzahl c der Sequenzen ergibt dann die neue Homogenität der Klasse K1.

Als <u>Homogenität einer Klasse K (h(K))</u> ergibt sich somit:
$$h(K) := \frac{\sum\limits_{S,T \in K} d(S,T)}{c}$$

Gleichzeitig wird die <u>Güte der Klassifikation CL (g(CL))</u>, d. h. jedes Clusterungsschrittes berechnet. Sie wird gebildet durch die Summe der Homogenitäten der noch existierenden Klassen, also: besteht die Klassifikation CL aus den Klassen K1,...,Ks so gilt :

$$g(CL) := \sum_{l=1}^{s} h(Ki)$$

Außerdem protokolliert das Programm nach jedem Clusterschritt alle vorhandenen Werte und listet alle noch vorhanden Klassen mit zugehörigen Sequenzen in einer Datei ´RMNCLUST.n´ bzw. ´RSTCLUST.n´ auf.
Dieses Verfahren führt das Programm ´CLUSTER.EXE´ solange durch, bis nur noch 50 Restklassen übrig bleiben.

    5. Schritt :   RMNABS.n + RMNDATEN.n   ->   RMNCLUST.n

                     RSTABS.n + RSTDATEN.n   ->   RSTCLUST.n

Mit dem Programm ´GRAPHIK1.EXE´ hat der Benutzer dann die Möglichkeit, sich die Entwicklung der Clusterung graphisch anzeigen zu lassen. In einem Koordinatensystem wird der Verlauf der Güte von Clusterschritt 1 bis ca. 250 aufgezeichnet. An interessanten Stellen (z.B. Sprüngen) hat der Benutzer dann die Möglichkeit, die Werte und Klassen zu diesem Clusterzeitpunkt auszudrucken. Eine Hilfefenster - erreichbar mit Taste <H> - gibt dann weitere Informationen, z.B zum Ändern der Koordinatenabschnitte.

<table>
<tr><td colspan="5" align="center">Ergebnistabellen zur zweifaktoriellen Varianzanalyse
(„mit Proportionalitätsausgleich")</td></tr>
<tr><td colspan="5">Faktor A: Softwareversion Y, T: d.h. 2-stufig / Faktor B: EDV-Vorkenntnisse hoch, niedrig: d.h. 2-stufig / abhängige Variable: Summe der Übungszeiten Haupttest (nur zwischen Gruppe Y und T vergleichbare Zeiten)</td></tr>
<tr><td>Zellenhäufigkeiten</td><td colspan="4" align="center">A: Software</td></tr>
<tr><td>B: EDV-Vorkenntn.</td><td colspan="2" align="center">Y</td><td colspan="2" align="center">T</td></tr>
<tr><td>hoch</td><td colspan="2" align="center">20</td><td colspan="2" align="center">18</td></tr>
<tr><td>niedrig</td><td colspan="2" align="center">20</td><td colspan="2" align="center">18</td></tr>
<tr><td colspan="5" align="center">Mittelwerttabelle des Merkmals in der jeweiligen Faktorstufenkombination</td></tr>
<tr><td colspan="5" align="center">A: Software</td></tr>
<tr><td>B: EDV-Vorkenntn.</td><td colspan="2" align="center">Y</td><td colspan="2" align="center">T</td></tr>
<tr><td>hoch</td><td colspan="2" align="center">1602,40</td><td colspan="2" align="center">1943,70</td></tr>
<tr><td>niedrig</td><td colspan="2" align="center">2560,86</td><td colspan="2" align="center">2488,77</td></tr>
<tr><td colspan="5" align="center">Ergebnistabelle:</td></tr>
<tr><td>Q. d. V.</td><td>QS</td><td>df(Q.d.V.)</td><td>Varianzen</td><td>emp. F-Werte</td></tr>
<tr><td>Faktor A</td><td>343296,37</td><td>1</td><td>343296,37</td><td>0,73</td></tr>
<tr><td>Faktor B</td><td>11050880,60</td><td>1</td><td>11050880,60</td><td>23,50**ω^2_B= 0,227</td></tr>
<tr><td>Interakt. AxB</td><td>809511,71</td><td>1</td><td>809511,71</td><td>1,72</td></tr>
<tr><td>Fehler</td><td>33853705,07</td><td>72</td><td>470190,35</td><td></td></tr>
<tr><td>Total</td><td>46057393,76</td><td>75</td><td></td><td></td></tr>
<tr><td colspan="5">Die resultierenden F-Werte sind mit df(Q.d.V.)-Zählerfreiheitsgraden und df(Fehler)-Nennerfreiheitsgraden F-verteilt. Der Effekt eines Faktors, bzw. der Interaktion ist somit signifikant zum α-Niveau (=1% oder 5%), wenn der entsprechende Wert in der Spalte „emp. F-Werte" größer als die jeweilige Ablehnschranke zum α-Niveau ist. Die Ablehnschranke bei einem Zählerfreiheitsgrad und 72 Nennerfreiheitsgraden liegt zwischen den unten angegebenen Ablehnschranken zum jeweiligen α-Niveau.</td></tr>
<tr><td colspan="5" align="center">Tabelle der Ablehnschranken:</td></tr>
<tr><td></td><td colspan="2" align="center">F(1,60, 1-α)</td><td colspan="2" align="center">F(1,80, 1-α)</td></tr>
<tr><td>α=1%</td><td colspan="2" align="center">7,077</td><td colspan="2" align="center">6,964</td></tr>
<tr><td>α=5%</td><td colspan="2" align="center">4,001</td><td colspan="2" align="center">3,961</td></tr>
</table>

Tab. ANOVA mit abhängiger Variable: Bearbeitungszeit der Übungen im Vortest

<table>
<tr><td colspan="7" align="center">Ergebnistabelle zur multivariaten, zweifaktoriellen Varianzanalyse</td></tr>
<tr><td colspan="7">Faktor A: Softwarefaktor, Stufen Y und T
Faktor B: EDV-Vorkenntnisse, Stufen hoch und niedrig</td></tr>
<tr><td colspan="3">abhängige Variablen:
      p=3
Zellenhäufigkeit n=17</td><td colspan="4">V1=Bearbeitungszeit der Aufgabe
V2=Anzahl von rückgängig machenden Aktionen
V3=Konstruktionsfehler Anzahl</td></tr>
<tr><td colspan="7" align="center">Mittelwerttabelle der Merkmale in der jeweiligen Faktorstufenkombination</td></tr>
<tr><td colspan="7" align="center">Software</td></tr>
<tr><td></td><td colspan="3" align="center">Y</td><td colspan="3" align="center">T</td></tr>
<tr><td></td><td>V1=Bearb.</td><td>V2=Anz.</td><td>V3=Konstr.</td><td>V1=Bearb.</td><td>V2=Anz.</td><td>V3=Konstr.</td></tr>
<tr><td>EDV-Vork.
hoch
niedrig</td><td>5999,29
6279,18</td><td>46,35
46,65</td><td>1,94
1,88</td><td>6989,35
7344,35</td><td>35,71
24,88</td><td>1,94
2,59</td></tr>
</table>

<table>
<tr><td colspan="6" align="center">Ergebnistabelle:</td></tr>
<tr><td>Q. d. V.</td><td>Lambda</td><td>df(Q. d.V.)</td><td>Teststat.V.</td><td>df(V)</td><td></td></tr>
<tr><td>Faktor A</td><td>0,57</td><td>1</td><td>35,51**</td><td>3</td><td>ω^2_A=0,421</td></tr>
<tr><td>Faktor B</td><td>0,91</td><td>1</td><td>5,56</td><td>3</td><td>ω^2_B=0,161</td></tr>
<tr><td>Interaktion AxB</td><td>0,95</td><td>1</td><td>3,05</td><td>3</td><td></td></tr>
<tr><td>Fehler</td><td></td><td>64</td><td></td><td></td><td></td></tr>
</table>

Die resultierenden V-Werte sind mit df(V) Freiheitsgraden approximativ Chi^2 verteilt. Der Effekt eines Faktors, bzw. der Interaktion ist somit signifikant zum α-Niveau (=1% oder 5%), wenn der entsprechende Wert in der Spalte „Teststat. V" größer als die jeweilige Ablehnschranke zum α-Niveau ist.

<table>
<tr><td colspan="2" align="center">Tabelle der Ablehnschranken:</td></tr>
<tr><td></td><td>Chi^2 (3,1-α)</td></tr>
<tr><td>α=1%</td><td>11,3449</td></tr>
<tr><td>α=5%</td><td>7,81473</td></tr>
</table>

Tab. MANOVA II

<table>
<tr><td colspan="4" align="center">Ergebnistabellen zur zweifaktoriellen Varianzanalyse
(„mit Proportionalitätsausgleich")</td></tr>
<tr><td colspan="4">Faktor A: Softwareversion Y, T: d.h. 2-stufig / Faktor B: EDV-Vorkenntnisse hoch, niedrig: d.h. 2-stufig / abhängige Variable: Anzahl aller Aktionen</td></tr>
<tr><td>Zellenhäufigkeiten</td><td colspan="3" align="center">A: Software</td></tr>
<tr><td>B: EDV-Vorkenntn.</td><td colspan="2" align="center">Y</td><td align="center">T</td></tr>
<tr><td>hoch</td><td colspan="2" align="center">17</td><td align="center">17</td></tr>
<tr><td>niedrig</td><td colspan="2" align="center">17</td><td align="center">17</td></tr>
<tr><td colspan="4" align="center">Mittelwerttabelle des Merkmals in der jeweiligen Faktorstufenkombination</td></tr>
<tr><td colspan="4" align="center">A: Software</td></tr>
<tr><td>B: EDV-Vorkenntn.</td><td colspan="2" align="center">Y</td><td align="center">T</td></tr>
<tr><td>hoch</td><td colspan="2" align="center">231,76</td><td align="center">300,82</td></tr>
<tr><td>niedrig</td><td colspan="2" align="center">194,00</td><td align="center">239,41</td></tr>
</table>

Ergebnistabelle:

Q. d. V.	QS	df(Q.d.V.)	Varianzen	emp. F-Werte
Faktor A	55689,94	1	55689,94	3,48
Faktor B	41802,88	1	41802,88	2,61
Interakt. AxB	2376,53	1	2376,53	0,15
Fehler	1025237,65	64	16019,34	
Total	1125107,00	67		

Die resultierenden F-Werte sind mit df(Q.d.V.)-Zählerfreiheitsgraden und df(Fehler)-Nennerfreiheitsgraden F-verteilt. Der Effekt eines Faktors, bzw. der Interaktion ist somit signifikant zum α-Niveau (=1% oder 5%), wenn der entsprechende Wert in der Spalte „emp. F-Werte" größer als die jeweilige Ablehnschranke zum a-Niveau ist. Die Ablehnschranke bei einem Zählerfreiheitsgrad und 64 Nennerfreiheitsgraden liegt zwischen den unten angegebenen Ablehnschranken zum jeweiligen α-Niveau.

Tabelle der Ablehnschranken:

	F(1,60, 1-α)	F(1,80, 1-α)
α=1%	7,077	6,964
α=5%	4,001	3,961

Tab. ANOVA mit abhängiger Variable: Anzahl aller Aktionen in der Haupttestphase

Ergebnistabelle zur multivariaten, zweifaktoriellen Varianzanalyse in der Konstruktionsphase					
Faktor A: Softwarefaktor, Stufen Y und T					
Faktor B: EDV-Vorkenntnisse, Stufen hoch und niedrig					
abhängige Variablen: p=3 Zellenhäufigkeit n=10			V1=Bearbeitungszeit in der Konstruktionsphase V2=Anzahl aller Aktionen V3=Konstruktionsfehler Anzahl		
Mittelwerttabelle der Merkmale in der jeweiligen Faktorstufenkombination					
Software					
	Y			T	
	V1=Bearb.	V2=Anz.	V3=Konstr.	V1=Bearb.	V2=Anz.	V3=Konstr.

EDV-Vork.	V1=Bearb.	V2=Anz.	V3=Konstr.	V1=Bearb.	V2=Anz.	V3=Konstr.
hoch	3752,30	176.10	2,50	5372,20	289,10	2,40
niedrig	4402,60	124,20	2,60	6193,10	253,90	2,30

Ergebnistabelle:

Q.d.V.	Lambda	df(Q. d.V.)	Teststat.V.	df(V)	
Faktor A	0,71	1	12,05**	3	ω^2_A=0,27
Faktor B	0,71	1	11,99**	3	ω^2_B=0,27
Interaktion AxB	1,00	1	0,09	3	
Fehler		36			

Die resultierenden V-Werte sind mit df(V) Freiheitsgraden approximativ Chi^2 verteilt. Der Effekt eines Faktors, bzw. der Interaktion ist somit signifikant zum α-Niveau (=1% oder 5%), wenn der entsprechende Wert in der Spalte „Teststat. V" größer als die jeweilige Ablehnschranke zum α-Niveau ist.

Tabelle der Ablehnschranken:

	Chi^2 (3,1-α)
α=1%	11,3449
α=5%	7,81473

Tab. MANOVA III Konstruktionsphase

<table>
<tr><td colspan="7">Ergebnistabelle zur multivariaten, zweifaktoriellen Varianzanalyse in der Konstruktionsphase</td></tr>
<tr><td colspan="7">Faktor A: Softwarefaktor, Stufen Y und T
Faktor B: EDV-Vorkenntnisse, Stufen hoch und niedrig</td></tr>
<tr><td colspan="3">abhängige Variablen:
       p=3
Zellenhäufigkeit n=10</td><td colspan="4">V1=Bearbeitungszeit in der Konstruktionsphase
V2=Anzahl von rückgängig machenden Aktionen in der Konstruktionsphase
V3=Konstruktionsfehler Anzahl</td></tr>
<tr><td colspan="7">Mittelwerttabelle der Merkmale in der jeweiligen Faktorstufenkombination</td></tr>
<tr><td colspan="7" align="center">Software</td></tr>
<tr><td></td><td colspan="3" align="center">Y</td><td colspan="3" align="center">T</td></tr>
<tr><td></td><td>V1=Bearb.</td><td>V2=Anz.</td><td>V3=Konstr.</td><td>V1=Bearb.</td><td>V2=Anz.</td><td>V3=Konstr.</td></tr>
<tr><td>EDV-Vork.
hoch
niedrig</td><td>
3752,30
4402,60</td><td>
36,00
29,90</td><td>
2,50
2,60</td><td>
5372,20
6193,10</td><td>
37,10
30,70</td><td>
2,40
2,30</td></tr>
<tr><td colspan="7" align="center">Ergebnistabelle:</td></tr>
<tr><td>Q.d.V.</td><td>Lambda</td><td>df(Q. d.V.)</td><td>Teststat.V.</td><td>df(V)</td><td colspan="2"></td></tr>
<tr><td>Faktor A</td><td>0,58</td><td>1</td><td>18,72**</td><td>3</td><td colspan="2">ω^2_A=0,40</td></tr>
<tr><td>Faktor B</td><td>0,77</td><td>1</td><td>9,20*</td><td>3</td><td colspan="2">ω^2_B=0,21</td></tr>
<tr><td>Interaktion AxB</td><td>1,00</td><td>1</td><td>0,14</td><td>3</td><td colspan="2"></td></tr>
<tr><td>Fehler</td><td></td><td>36</td><td></td><td></td><td colspan="2"></td></tr>
<tr><td colspan="7">Die resultierenden V-Werte sind mit df(V) Freiheitsgraden approximativ Chi^2 verteilt. Der Effekt eines Faktors, bzw. der Interaktion ist somit signifikant zum α-Niveau (=1% oder 5%), wenn der entsprechende Wert in der Spalte „Teststat. V" größer als die jeweilige Ablehnschranke zum α-Niveau ist.</td></tr>
<tr><td colspan="7" align="center">Tabelle der Ablehnschranken:</td></tr>
<tr><td colspan="3"></td><td colspan="4">Chi^2 (3,1-α)</td></tr>
<tr><td colspan="3">α=1%</td><td colspan="4">11,3449</td></tr>
<tr><td colspan="3">α=5%</td><td colspan="4">7,81473</td></tr>
</table>

Tab. MANOVA IV Konstruktionsphase

Ergebnistabellen zur zweifaktoriellen Varianzanalyse ("mit Proportionalitätsausgleich")				
Faktor A: Softwareversion Y, T: d.h. 2-stufig / Faktor B: EDV-Vorkenntnisse hoch, niedrig: d.h. 2-stufig / abhängige Variable: Informationsabfragen				
Zellenhäufigkeiten	A: Software			
B: EDV-Vorkenntn.	Y		T	
hoch	17		17	
niedrig	17		17	
Mittelwerttabelle des Merkmals in der jeweiligen Faktorstufenkombination				
	A: Software			
B: EDV-Vorkenntn.	Y		T	
hoch	14,12		2,47	
niedrig	9,82		2,47	
Ergebnistabelle:				
Q. d. V.	QS	df(Q.d.V.)	Varianzen	emp. F-Werte
Faktor A	1534,25	1	1534,25	$65,34**\omega^2_A = 0,47$
Faktor B	78,37	1	78,37	3,34
Interakt. AxB	78,37	1	78,37	3,34
Fehler	1502,71	64	23,48	
Total	3193,69	67		

Die resultierenden F-Werte sind mit df(Q.d.V.)-Zählerfreiheitsgraden und df(Fehler)-Nennerfreiheitsgraden F-verteilt. Der Effekt eines Faktors, bzw. der Interaktion ist somit signifikant zum α-Niveau (=1% oder 5%), wenn der entsprechende Wert in der Spalte „emp. F-Werte" größer als die jeweilige Ablehnschranke zum α-Niveau ist. Die Ablehnschranke bei einem Zählerfreiheitsgrad und 40 Nennerfreiheitsgraden liegt zwischen den unten angegebenen Ablehnschranken zum jeweiligen α-Niveau.

Tabelle der Ablehnschranken:		
	$F(1,60, 1-\alpha)$	$F(1,80, 1-\alpha)$
α=1%	7,077	6,964
α=5%	4,001	3,961

Tab. ANOVA mit abhängiger Variable: Informationsabfragen

FIR + IAW
Forschung für die Praxis

Berichte aus dem Forschungsinstitut für Rationalisierung (FIR), Aachen, und dem Lehrstuhl und Institut für Arbeitswissenschaft (IAW) der Rheinisch-Westfälischen Technischen Hochschule Aachen.

Herausgeber: Univ.-Prof. Dr.-Ing. R. Hackstein

Organisatorische Gestaltung einer zentralen Werkstattsteuerung
Von M. Strack. ISBN 3-540-17570-9.
1987, 150 Seiten mit 48 Abbildungen   68,- DM

Planzeiten für Konstruktion und Arbeitsplanung
Von K.-G. Konrad. ISBN 3-540-18040-0.
1987, 151 Seiten mit 49 Abbildungen   68,- DM

Integrierte Produktionsplanung
Von E. Gillessen. ISBN 3-540-18614-X.
1988, 149 Seiten mit 45 Abbildungen   68,- DM

Einführung von Informations- und Kommunikationstechnologie
Von R. Junker. ISBN 3-540-18845-2
1988, 157 Seiten mit 26 Abbildungen und 42 Tabellen   68,- DM

Personal Computer in kleinen Produktionsunternehmen
Von H. Hoff. ISBN 3-540-19407-X.
1988, 158 Seiten mit 64 Abbildungen   68,- DM

Betriebsdatenerfassung in Konstruktion und Arbeitsplanung
Von M. Virnich. ISBN 3-540-19408-8.
1988, 194 Seiten mit 50 Abbildungen   68,- DM

Informationswesen in der Instandhaltung
Von W. Klein. ISBN 3-540-50177-0.
1988, 152 Seiten mit 61 Abbildungen   68,- DM

EDV-gestützte Instandhaltung
Von J. Weingärtner. ISBN 3-540-50178-9.
1988, 171 Seiten mit 52 Abbildungen   68,- DM

Termin- und Kapazitätsplanung der Arbeitsplanung
Von G. Steger. ISBN 3-540-50179-7.
1988, 195 Seiten mit 99 Abbildungen   68,- DM

Integration von flexiblen Fertigungszellen in die PPS
Von H.-U. Förster. ISBN 3-540-50181-9.
1988, 179 Seiten mit 78 Abbildungen   68,- DM

Bestimmung des Automatisierungsgrades der rechnergestützten NC-Programmierung
Von V. Pfennig. ISBN 3-540-50229-7.
1988, 150 Seiten mit 59 Abbildungen   68,- DM

Auswahl und Beurteilung EDV-gestützter IPS-Systeme
Von U. Breer. ISBN 3-540-50747-7.
1989, 158 Seiten mit 58 Abbildungen und 23 Tabellen   68,- DM

Grundlagen der Investitionsentscheidung über automatische Formanlagen
Von K.-B. Bentler. ISBN 3-540-53297-8.
1990, 107 Seiten mit 32 Abbildungen und 5 Tabellen   68,- DM

Ganzheitliche Produktionsplanung und –steuerung – Konzepte für Produktionsunternehmen mit kombinierter kundenanonymer und kundenbezogener Auftragsabwicklung
Von W. Büdenbender. ISBN 3-540-53642-6.
1991, 182 Seiten mit 58 Abbildungen   68,- DM

Produktivitätsbestimmung in indirekten Bereichen
Von U. Michaelis. ISBN 3-540-53823-2.
1991, 166 Seiten mit 41 Abbildungen und 1 Tabelle   68,- DM

EDV-gestützte Planung und Steuerung der Arbeitsplanung
Von L.-O. Schnier. ISBN 3-540-53888-7.
1991, 168 Seiten mit 56 Abbildungen   68,- DM

Spracheingabe zur Programmierung von Schweißrobotern
Von B. Scherff. ISBN 3-540-53953-0.
1991, 164 Seiten mit 54 Abbildungen und 6 Tabellen   68,- DM

DISKOVER – Neuartiges Dispositionsverfahren zur Bestandsreduzierung
Von R. Huhndorf. ISBN 3-540-54007-5.
1991, 132 Seiten mit 80 Abbildungen   68,- DM

Anlagenorientierte Personalbedarfsplanung für kontinuierliche Fertigungsprozesse
Von B. Sent. ISBN 3-540-54116-0.
1991, 139 Seiten mit 23 Abbildungen   68,- DM

Anwenderorientierte Dezentralisierung von PPS-Systemen
Von G.-A. Kemmner. ISBN 3-540-54117-9.
1991, 209 Seiten mit 101 Abbildungen   68,- DM

DISKOVER II – Ganzheitliche Bestimmung von Sicherheitsbeständen
Von H. Abels. ISBN 3-540-54285-2.
1991, 110 Seiten mit 34 Abbildungen   68,- DM

Qualität von PPS-Systemen – Ein Verfahren zur Analyse des Informationsgehaltes
Von Fr. Frhr. v. Loeffelholz. ISBN 3-540-54181-0.
1991, 161 Seiten mit 50 Abbildungen   68,- DM

Aufgabenangemessenes Design flexibler Software
Von V. Hornung. ISBN 3-540-54182-9.
1991, 150 Seiten mit 33 Abbildungen und 11 Tabellen   68,- DM